KOREAN
MADE EASY
LEVEL 2

*An Intermediate Korean Workbook To Build
Essential Vocabulary And Grammar With Ease
(Korean Audio Lessons Included)*

LingoMastery

ISBN: 978-1-951949-95-2
Copyright © 2025 by Lingo Mastery
ALL RIGHTS RESERVED

No part of this book may be reproduced, stored in a retrieval system,
or transmitted in any form or by any means, electronic, mechanical, photocopying,
recording, scanning, or otherwise, without the prior written permission of the publisher.

The illustrations in this book were designed using images from Freepik.com.

CONTENTS

PREFACE 1

Introduction 2

HOW TO USE THIS BOOK 3

HOW TO GET THE AUDIO FILES 4

제1과 이분은 저희 할아버지이십니다 – This is My Grandfather. 6

    Part 1 어휘 – Vocabulary 8

    Part 2 표현 I - Expression I 10

    Part 3 표현 II - Expression II 14

    Part 4 듣기와 말하기 – Listen and Speak 19

    Part 5 읽기와 쓰기 – Read and Write 21

    Part 6 복습하기 – Review and Check 23

    Part 7 한국 문화 배우기 – Learn Korean Culture 27

제2과 저는 도서관에서 공부하고 있어요 – I'm Studying at the Library. 30

    Part 1 어휘 – Vocabulary 32

    Part 2 표현 I - Expression I 34

    Part 3 표현 II - Expression II 39

    Part 4 듣기와 말하기 – Listen and Speak 44

    Part 5 읽기와 쓰기 – Read and Write 46

    Part 6 복습하기 – Review and Check 48

    Part 7 한국 문화 배우기 – Learn Korean Culture 53

제3과 사과가 얼마예요? – How Much Is the Apple? 56

- Part 1 어휘 – Vocabulary 58
- Part 2 표현 I - Expression I 60
- Part 3 표현 II - Expression II 65
- Part 4 듣기와 말하기 – Listen and Speak 70
- Part 5 읽기와 쓰기 – Read and Write 72
- Part 6 복습하기 – Review and Check 74
- Part 7 한국 문화 배우기 – Learn Korean Culture 78

제4과 내일 영화를 볼까요? – Shall We Watch a Movie Tomorrow? 80

- Part 1 어휘 – Vocabulary 82
- Part 2 표현 I - Expression I 84
- Part 3 표현 II - Expression II 90
- Part 4 듣기와 말하기 – Listen and Speak 95
- Part 5 읽기와 쓰기 – Read and Write 97
- Part 6 복습하기 – Review and Check 99
- Part 7 한국 문화 배우기 – Learn Korean Culture 102

제5과 이 방은 저 방보다 커요. – This Room Is Bigger than that Room. 104

- Part 1 어휘 – Vocabulary 106
- Part 2 표현 I - Expression I 108
- Part 3 표현 II - Expression II 112
- Part 4 듣기와 말하기 – Listen and Speak 119
- Part 5 읽기와 쓰기 – Read and Write 121
- Part 6 복습하기 – Review and Check 123
- Part 7 한국 문화 배우기 – Learn Korean Culture 128

제6과 공원에 가서 산책할 거예요. – I'm Going to the Park for a Walk. 132

   Part 1 어휘 – Vocabulary 134

   Part 2 표현 I - Expression I 136

   Part 3 표현 II - Expression II 144

   Part 4 듣기와 말하기 – Listen and Speak 149

   Part 5 읽기와 쓰기 – Read and Write 151

   Part 6 복습하기 – Review and Check 153

   Part 7 한국 문화 배우기 – Learn Korean Culture 157

Conclusion and Recommendations 160

Answer Key 162

   Lesson 1 162

   Lesson 2 164

   Lesson 3 166

   Lesson 4 169

   Lesson 5 171

   Lesson 6 173

PREFACE

As more people around the world show interest in Korean culture through music, dramas, and media, the desire to learn the Korean language has grown stronger than ever. But learning a language is more than just understanding lyrics or TV shows. It's about being able to communicate, appreciate a different way of thinking, and build deeper connections.

This book is for learners who already have some basic knowledge of Korean and are now ready to take it to the next level. At this stage, understanding grammar more clearly, using practical expressions, and strengthening your overall communication skills become even more important. That's exactly what this book is designed to help with.

You'll find lessons that focus on real-life situations, cultural context, and meaningful vocabulary. Each chapter includes exercises to help you actively use what you've learned and build your confidence step by step.

Whether you're learning for work, school, travel, or just for fun, we hope this book helps you stay motivated and curious. Keep going at your own pace. Every bit of progress brings you closer to fluency.

INTRODUCTION

Welcome to our guide for Korean Made Easy Level 2, specifically designed for learners at the A2-B1 level. This book has been carefully crafted to provide you with the language skills to effectively communicate in various real-life situations. Whether you're a beginner or already have an understanding of Korean, this book will take you on an enriching journey toward becoming proficient in the language.

With this book, you'll gain the skills to confidently interact in various everyday situations, whether expressing yourself within a family setting, navigating local places, engaging in shopping scenarios, arranging appointments, or making plans. This book encourages you to practice and improve all four essential language skills: speaking, listening, reading, and writing. By immersing yourself in a range of exercises and activities, you'll strengthen your understanding of the language and enhance your ability to comprehend conversations and write coherently.

Inside this book are numerous exercises thoughtfully designed to help you internalize the concepts presented. These exercises aren't busywork; they are carefully curated to provide targeted practice for each language function. As you work through these activities, your confidence will gradually grow as you become comfortable dealing with real-life situations in Korean.

By completing this book, you will be well equipped with competence and confidence in embracing the language. You will see an improvement in your conversational skills, comprehension of everyday phrases, and ability to express yourself effectively. The knowledge you gain here will be crucial for advancing your language proficiency and laying the foundation for linguistic growth.

We are thrilled to accompany you on this adventure! As you embark on this journey, keep in mind that each lesson, activity, and obstacle, will help you to get closer to becoming a skilled communicator, in Korean. Let's begin!

HOW TO USE THIS BOOK

This book is made up of six units and is best suited for learners at the CEFR A2 to B1 level. It aims to help you develop balanced skills in listening, speaking, reading, and writing, while also building a stronger understanding of vocabulary and grammar. Each unit includes the following sections:

Vocabulary – Preview and become familiar with the key words that will appear in the unit.

Expression I & II – Study grammar points and expressions through clear explanations and examples. After each explanation, you'll find two types of exercises to help you internalize what you've learned: a speaking activity to use the grammar in conversation, and a grammar practice to reinforce the form and usage.

Listen and Speak – Use the grammar and vocabulary you've learned to practice listening and speaking through realistic dialogues and targeted exercises.

Read and Write – Apply the grammar and vocabulary from earlier sections to improve your reading comprehension and writing skills through guided exercises.

Review and Check – Go over what you've learned and test your understanding with a variety of review activities.

Learn Korean Culture – Explore fun and informative insights into Korean culture, including customs, values, and everyday life.

When you see a headphone icon, it means there's an audio file that goes with the section. If you see a headphone with a pencil icon, listen to the audio before starting the activity.

You can use this book on your own or in a classroom setting. Remember that making mistakes is a normal part of learning. The important thing is to keep practicing, stay curious, and take one step at a time. With steady effort, you'll find yourself using Korean more naturally and confidently.

We hope this book supports you throughout your language journey with clarity and encouragement.

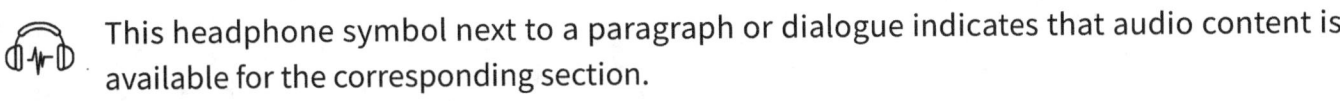

This headphone symbol next to a paragraph or dialogue indicates that audio content is available for the corresponding section.

This headphone with a pencil next to an exercise means that you will need to refer to the corresponding audio content to complete the exercise.

HOW TO GET THE AUDIO FILES

Some of the exercises throughout this book come with accompanying audio files. You can download these audio files if you head over to:
www.lingomastery.com/korean-me2-audio

If you're having trouble downloading the audio, contact us at
www.lingomastery.com/contact

제1과
이분은 저희 할아버지이십니다.
This is My Grandfather.

학습목표 Objectives

✓ How to talk about your family
✓ How to use formal-polite sentence endings

Part 1 어휘 – Vocabulary

- 가족 구성원 – Family Members
- 능력 – Skills

Part 2 표현 – Expression

- Vㅂ니다/습니다 – Formal Polite Sentence Endings
- N의 – Possessive Particle

Part 3 표현 – Expression

- (으)시 – Honorific Marker
- N을/를 잘하다 – Be Good At N

Part 4 듣고 말하기 – Listen and Speak

- 가족에 대해 소개하는 대화를 듣고 이해하기 – Listen to a Conversation About Family Members
- 자신의 특기에 대해 말하기 – Talk About What You Are Good At

Part 5 읽고 쓰기 – Read and Write

- 가족에 대해 소개하는 글을 읽고 이해하기 – Read a Text About the Family
- 우리 가족에 대해 소개하는 글 쓰기 – Write a Text About Your Family

Part 6 복습하기 – Review and Check

Part 7 한국 문화 배우기 – Learn Korean Culture

PART 1 어휘 – Vocabulary

 1. 가족 구성원 – Family Members *(Find audio on page 4.)*

녹음을 잘 듣고 아래에서 가족의 호칭을 찾아서 쓰세요.

Listen carefully to the audio, and write down the Korean word for the family members and write it in the family tree below.

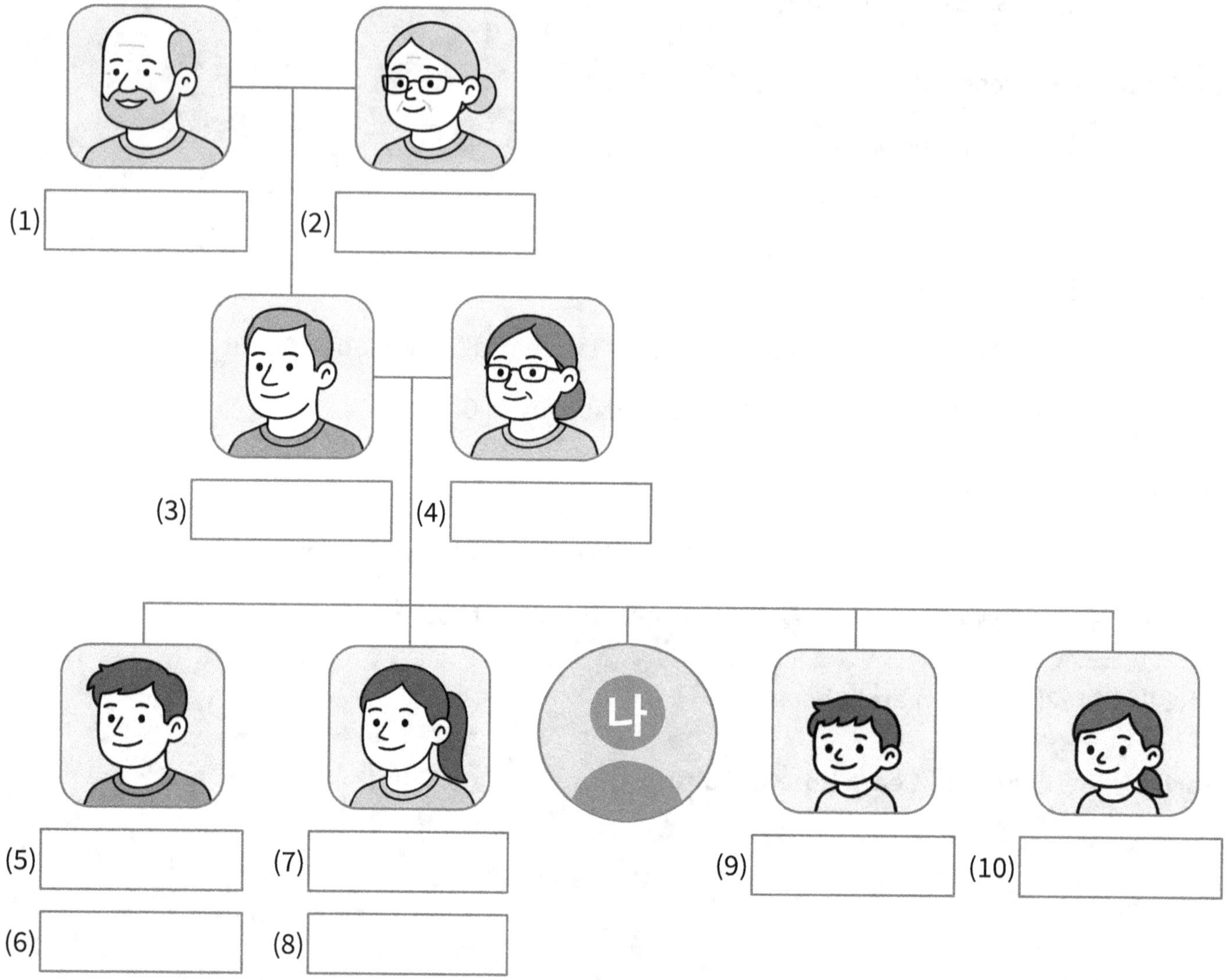

(1) _____ (2) _____

(3) _____ (4) _____

(5) _____ (7) _____ (9) _____ (10) _____

(6) _____ (8) _____

누나 할아버지 언니 아버지 오빠
남동생 여동생 어머니 형 할머니

Lesson 1 | Korean Made Easy Level 2

2. 활동 – Activity *(Find audio on page 4.)*

녹음을 잘 듣고 각각의 동작에 맞는 이름을 네모 안에 받아쓰세요.

Listen carefully to the audio and write down the name of each activity.

(1)    (6)

(2)   (7)

(3)   (8)

(4)   (9)

(5)   (10)

그림을 그리다	노래를 부르다
요리를 하다	글을 쓰다
달리기를 하다	수영을 하다
춤을 추다	사진을 찍다
피아노를 치다	공부를 하다

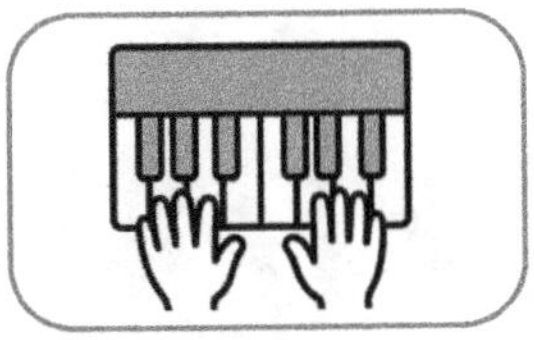

Korean Made Easy Level 2 | **Lesson 1**

PART 2 표현 I - Expression I

Focus

 제임스 씨가 여자친구의 부모님과 처음으로 만나서 대화를 나누고 있습니다. 대화를 잘 듣고 따라 해보세요.

James is meeting and talking with his girlfriend's parents for the first time. Listen and repeat the dialogue. *(Find audio on page 4.)*

부모님: 제임스 씨는 무슨 일을 해요?

제임스: 저는 요리사입니다.

부모님: 가족은 몇 명이에요?

제임스: 모두 네 명입니다. 아버지, 어머니, 저, 그리고 여동생이 있습니다.

부모님: 그래요? 제임스 씨의 아버지는 무슨 일을 하세요?

제임스: 저희 아버지는 변호사이십니다.

Expression

1. How to use the formal-polite sentence ending V ㅂ니다/습니다:

It is a formal-polite sentence ending used to make statements in the present tense.

When a verb stem ends in a vowel, ㅂ니다 should be attached to it. When ending with a consonant, attach 습니다. When a verb stem ends in the consonant ㄹ, delete the ㄹ and attach ㅂ니다.

받침 X	받침 O	ㄹ 받침
가다 → **갑니다**	먹다 → 먹**습니다**	울다 → **웁니다**
보다 → **봅니다**	찾다 → 찾**습니다**	살다 → **삽니다**
일하다 → **일합니다**	있다 → 있**습니다**	풀다 → **풉니다**

2. N의 (Possessive particle)

의 is a particle that links nouns to nouns so that the preceding noun modifies the latter noun. This particle is attached to nouns to indicate that there is a semantic relationship between the words, such as possession, belonging, etc. Nouns and nouns are connected to form a noun phrase, and the preceding word modifies the next word. If it comes after "저," it becomes "제"; after "나," it becomes "내"; and after "너," it's "네."

Practice 1 말하기 – Speaking

아래의 사진을 보고 빈칸에 알맞은 말을 넣어서 우리 가족에 대해 설명해 보세요.

Look at the family portrait below and describe my family by putting the correct words in the blank.

우리 가족은 _____ 명이에요.

_____ , _____ , 나, _____ , 아버지, 그리고 _____ , _____ 이 있어요. 제 _____ 은 원피스를 입었어요. _____ 는 어머니 옆에 계십니다.

Practice 2 문법 – Grammar

다음 동사들을 "(Verb)ㅂ니다/습니다" 형태로 바꾸어 보세요.

Change the following verbs into the "(Verb)ㅂ니다/습니다" form.

기본형(Basic form)	(Verb)ㅂ니다/습니다
가다	
일하다	
먹다	
마시다	
보다	
입다	
자다	
공부하다	
배우다	
오다	
청소하다	
던지다	
웃다	
줍다	

PART 3 표현 II - Expression II

Focus

 여러분은 무엇을 잘해요? 여러분의 부모님이나 형제는 무엇을 잘합니까? 사람들의 특기에 관해서 이야기해 봅시다.

What are you good at? What are your parents or siblings good at? Let's talk about people's specialties.

저희 어머니는 요리를 잘하십니다. 그리고 그림도 잘 그리세요. 저희 아버지는 사진을 잘 찍으십니다. 그래서 다음 주 월요일에 사진 전시회를 여십니다. 제 여동생은 자전거를 잘 타요. 저희 형은 달리기를 잘합니다. 둘은 매일 공원에 같이 갑니다. 저는 피아노를 잘 쳐요. 피아노를 매일 연습합니다.

Expression

1. -(으)시- (Honorific marker)

(으)시 is an honorific marker, which shows the respect to the act or state of the subject in the sentence. It can be attached to a verb or adjective.

받침 X	받침 O	ㄹ 받침
가다 → **가시다** 보다 → **보시다** 일하다 → **일하시다**	앉다 → **앉으시다** 찾다 → **찾으시다** 읽다 → **읽으시다**	울다 → **우시다** 살다 → **사시다** 만들다 → **만드시다**

Some words change completely its form when it becomes an honorific form. Verbs from the below list are some of them.

Verb	Honorific verb
먹다	**드시다**
있다	**계시다**
자다	**주무시다**

Note: You can't use this when referring to yourself.

저는 집에 가십니다. (X) 저는 집에 갑니다. (O)

나는 밥을 드세요. (X) 저는 밥을 먹어요. (O)

2. N을/를 잘하다 (Be good at...)

You can use this expression to express what someone's good at. It could be that person's specialty. 하다 can be replaced depending on the corresponding verb for the noun that precedes.

Note: When it's 잘하다, there's no space between 잘 and the verb 하다. However, when it's used with other verbs that aren't 하다, there should be a space between the 잘 and the verb.

Examples
요리를 잘하다 (Be good at cooking)
달리기를 잘하다 (Be good at running)
노래를 잘 부르다 (Be good at singing)
피아노를 잘 치다 (Be good at playing the piano)
사진을 잘 찍다 (Be good at taking pictures)

Practice 1 말하기 – Speaking

1. 아래에는 가족 구성원과 그들의 특기가 제시되어 있습니다. 이 중에서 두 명을 골라 짝과 함께 [보기]와 같이 대화를 만들어 보세요.

Below is the list of the family members and what they are good at. Choose two of them and create a dialogue with your partner using the information.

> **<보기>**
>
> **윤주:** 성민 씨의 아버지는 무엇을 잘하세요?
>
> **성민:** 저희 아버지는 태권도를 잘하십니다. 윤주 씨의 어머니는 무엇을 잘하세요?
>
> **윤주:** 저희 어머니는 노래를 잘 부르십니다.

(1) 할아버지 - 글을 잘 쓰다

(2) 할머니 - 뜨개질을 잘하다

(3) 아버지 - 사진을 잘 찍다

(4) 어머니 - 요리를 잘하다

(5) 오빠/형- 수영을 잘하다

(6) 누나/언니 - 춤을 잘 추다

(7) 여동생 - 공부를 잘하다

(8) 남동생 - 그림을 잘 그리다

2. 짝과 함께 대화를 만들어 보세요. 서로의 가족을 소개해 보세요.

Find a partner and create your own dialogue with them. Introduce your family to your partner.

Practice 2 문법 – Grammar

1. 아래의 문장이 문법적으로 올바르면 T, 틀렸으면 F를 쓰세요.

Mark T if the sentence below is grammatically correct and F if it is wrong.

( ) (1) 저는 아름다우십니다.

( ) (2) 할아버지께서 노래를 잘 부르십니다.

( ) (3) 우리는 밥을 드셨어요.

( ) (4) 저는 춤을 잘 춥니다.

( ) (5) 아버지는 집에 계십니다.

( ) (6) 남동생은 학교에 갔습니다.

( ) (7) 선생님께서 그림을 그리셨어요.

( ) (8) 여동생이 주무십니다.

( ) (9) 어머니께서는 매일 청소하십니다.

( ) (10) 나는 요리를 하십니다.

2. 아래의 문장에는 띄어쓰기 오류가 있습니다. 올바른 띄어쓰기를 사용하여 고쳐보세요.

There are spacing errors in the sentences below. Correct them by using the correct spacing rules.

(1) 루시 씨는 춤을 잘춰요.

_____

(2) 저는 수영을 잘 해요.

_____

(3) 선생님께서 글을 잘쓰십니다.

_____

PART 4 듣기와 말하기 – Listen and Speak

Practice 1 듣기 – Listening

 지은 씨가 가족에 대해 소개합니다. 잘 듣고 물음에 답하세요. 대화는 두 번 들려 드립니다.

Jieun introduces her family. Listen carefully to the dialogue and answer the following questions. The dialogue will be played twice.

1. 지은 씨의 가족은 모두 몇 명이에요?

How many people are in Jieun's family?

① 여덟 명

② 다섯 명

③ 두 명

④ 네 명

2. 지은 씨 어머니의 직업은 무엇입니까?

What is Jieun's mother's job?

① 선생님

② 기자

③ 요리사

④ 의사

Practice 2 말하기 – Speaking

1. 여러분은 무엇을 잘해요? 아래에 있는 표현을 사용해서 여러분이 무엇을 잘하는지 말해보세요.

What are you good at? Use the expressions below and talk about what you are good at.

요리를 잘하다	수영을 잘하다
그림을 잘 그리다	한국어를 잘하다
달리기를 잘하다	운전을 잘하다
글을 잘 쓰다	노래를 잘 부르다
피아노를 잘 치다	춤을 잘 추다
뜨개질을 잘하다	청소를 잘하다
사진을 잘 찍다	공부를 잘하다

2. 짝과 함께 서로 무엇을 잘하는지 이야기해 보세요. 그리고 아래의 빈칸에 짝이 무엇을 잘하는지 쓰세요.

Talk about what you're good at with your partner. Then write in the blanks below what your partner is good at.

<보기>

지호 씨는 달리기를 잘해요.

_____   _____

_____   _____

PART 5 읽기와 쓰기 – READ AND WRITE

Practice 1 읽기 – Reading

다음 글을 잘 읽고 질문에 답하세요.

Read the text below and answer the following questions.

> 안녕하세요. 저희 가족을 소개합니다. 저희 가족은 모두 4명입니다. 아버지, 어머니, 저, 그리고 남동생이 있습니다. 저희 아버지는 회사원이십니다. 아버지는 노래를 잘 부르십니다. 어머니는 요리를 잘하십니다. 그리고 춤도 잘 추십니다. 제 남동생은 고등학교에 다닙니다. 달리기를 잘합니다.

1. 아버지는 무엇을 잘하세요?

What is the father good at?

① 춤을 잘 춰요

② 노래를 잘해요

③ 요리를 잘해요

④ 달리기를 잘해요

2. 다음 중 맞는 것에 T, 틀린 것에 F를 표시하세요.

Mark T for the correct one and F for the wrong one.

(   ) (1) 가족은 모두 다섯 명입니다.

(   ) (2) 아버지의 직업은 회사원입니다.

(   ) (3) 어머니는 요리를 잘합니다.

(   ) (4) 남동생은 중학생입니다.

Practice 2 쓰기 – Writing

여러분의 가족에 대해 소개하는 글을 써 보세요.

Write an introduction about your family.

여러분, 안녕하세요? 우리 가족을 소개합니다.

우리 가족은 _____

_____

_____

_____

_____

_____

_____

_____

_____

_____

_____

PART 6 복습하기 – Review and Check

1. 다음 중 알고 있는 단어나 표현에 표시하세요.

Check the words or expressions that you know already.

☐ 할머니 ☐ 언니 ☐ 누나 ☐ 사진을 잘 찍다
☐ 남동생 ☐ 아버지 ☐ 요리를 잘하다 ☐ 그림을 잘 그리다
☐ 할아버지 ☐ 형 ☐ 노래를 잘 부르다 ☐ 달리기를 잘하다
☐ 어머니 ☐ 여동생 ☐ 피아노를 잘 치다 ☐ 글을 잘 쓰다

2. 다음 문장을 "ㅂ니다/습니다"를 사용한 문장으로 바꾸어 보세요.

Change the following sentences into "ㅂ니다/습니다" sentences.

(1) 저는 학교에 가요. _____

(2) 동생이 우유를 마셔요. _____

(3) 영화를 봐요. _____

(4) 도서관에서 책을 읽었어요. _____

(5) 원피스를 입었어요. _____

(6) 매일 밤 10시에 자요. _____

(7) 우리는 한국어를 공부해요. _____

(8) 태권도를 배워요. _____

(9) 저는 다리가 길어요. _____

(10) 오늘은 날씨가 따뜻해요. _____

3. 다음 문장을 "(으)세요" 또는 "(으)십니다"를 사용한 문장으로 바꾸어 보세요.

Change the following sentences into "(으)세요" or "(으)십니다" sentences.

(1) 아버지께서 집에 와요.   _____

(2) 한국어를 가르칩니다.   _____

(3) 사장님께서 웃어요.   _____

(4) 저희 어머니는 달리기를 잘해요.   _____

(5) 할머니께서 노래를 부릅니다.   _____

(6) 선생님께서 옷을 입습니다.   _____

4. 주어진 단어를 사용하여 다음 대화를 완성하세요.

Complete the following dialogues using the given vocabulary.

(1) A: 윤주 씨의 남동생은 무엇을 잘해요?

　　B: 제 남동생은 (요리 / 잘한다) _____.

(2) A: 이것은 누구의 책입니까?

　　B: 이것은 (제임스) _____ 책입니다.

(3) A: 어제 선생님께서 학교에 오셨어요?

　　B: 아니요, 어제 선생님께서 학교에 안 (오다) _____.

(4) A: 지호 씨의 아버지는 무슨 일을 하세요?

　　B: 저희 아버지는 (사진작가) _____.

(5) A: 성민 씨의 어머니는 노래를 잘 부르십니까?

　　B: 네. 저희 어머니는 (노래 / 잘 부르다) _____.

5. 다음 중에서 알맞은 것을 고르세요.

Choose the appropriate answer.

(1)
> A: 윤주 씨는 무엇을 잘해요?
> B: _____

① 저는 지금 밥을 먹습니다.　② 저는 농구를 잘해요.

(2)
> A: _____?
> B: 아니요. 회사에 가셨습니다.

① 아버지께서 집에 계세요?　② 노래를 잘 부르세요?

6. 다음 대화를 완성해 보세요.

Complete the conversation below.

> **나츠코:** 케빈 씨의 가족은 어디에 살아요?
>
> **케빈:** 저희 할아버지와 할머니는 미국에 _____. 그리고 저희 부모님과 _____ 여동생은 호주에 살아요.
>
> **나츠코:** 케빈 씨의 여동생은 _____?
>
> **케빈:** 제 여동생은 요리를 잘해요.
>
> **나츠코:** 그래요? 무슨 음식을 제일 잘 만들어요?
>
> **케빈:** 파스타와 샐러드를 _____.

7. 다음을 잘 듣고 받아 적으세요.

Listen carefully and write what was said.

(1) _____

(2) _____

(3) _____

(4) _____

(5) _____

(6) _____

(7) _____

(8) _____

PART 7 한국 문화 배우기 – Learn Korean Culture

In some cultures and countries, showing respect through language is highly valued. Similarly in Korean culture, the honorific system in the language takes an important role in demonstrating respect to others. This respect is based on various factors, such as age, social status, and familiarity with the culture. It is crucial to honor and show respect to those in higher positions and older people, as it is deeply ingrained in Korean culture.

The Korean honorific system is influenced by Confucian values, which emphasize the hierarchical relationships between individuals, honoring the elders, and maintaining harmonious relationships. It reflects the importance of the filial order and the values that have shaped the culture for generations.

It's worth noting that as the world changes, modernization and globalization has had an impact on how the honorific systems are practiced. Among the younger generation, there may be a more relaxed approach to using honorifics between friends and colleagues. However, in professional settings it remains essential to use proper honorific languages and the titles.

Translation

Part 2 표현 I - Expression I

Focus

Parents: What's your occupation, James?

James: I'm a cook.

Parents: How many people are there in your family?

James: There are four in total. There are my father, mother, me, and my younger sister.

Parents: I see. What does your father work as?

James: My father is a lawyer.

Part 3 표현 II - Expression II

Focus

My mom is good at cooking. And she also is good at drawing. My father is good at taking pictures. So he will have a photo exhibition next Monday. My sister is good at riding a bicycle. My brother is good at running. They go to the park together every day. I'm good at playing the piano. I practice the piano every day.

Part 5 읽기와 쓰기 – Read and Write

Practice 1 읽기 – Reading

Hello. Let me introduce my family. There are 4 people in my family. My father, mother, me, and my younger brother. My father is an office worker. My father sings well. My mother is good at cooking. And she's a good dancer. My brother goes to high school. He is good at running.

제 2 과
저는 도서관에서 공부하고 있어요.
I'm Studying at the Library.

학습목표 Objectives

✓ How to talk about 'from' and 'to'

✓ How to use a connective ending '-고'

✓ How to use present progressive

✓ How to use talk about 'before' and 'after'

Part 1 어휘 – Vocabulary

- 동작 동사 – Action Verbs
- 장소 – Places

Part 2 표현 I – Expression I

- N에서 N까지 – From N(place) to N(place)
- V고 – A Connective Ending
- V고 있다 – Present Progressive
- -쯤, 정도 – Words for the degree

Part 3 표현 II – Expression II

- V기 전에 – Before…
- V(으)ㄴ 후에 – After…

Part 4 듣고 말하기 – Listen and Speak

- 친구가 방학에 무엇을 했는지 듣고 이해하기 – Listen to What Your Friend Did During the School Vacation
- 그림을 보고 무엇을 하고 있는지 말하기 – Talk About What Is Being Done in the Picture

Part 5 읽고 쓰기 – Read and Write

- 대화문을 읽고 질문에 답하기 – Read a Dialogue and Answer the Questions
- 자주 가는 식당에 대해서 쓰기 – Write a Text About Your Favorite Restaurant

Part 6 복습하기 – Review and Check

Part 7 한국 문화 배우기 – Learn Korean Culture

PART 1 어휘 – Vocabulary

 1. 동작 동사 – Action verb

녹음을 잘 듣고 아래에서 해당하는 동사를 찾아서 쓰세요.

Listen carefully to the audio, match each verb, and write it.

(1)  [walking]　　　　　　　　　　　(6)  [writing/studying]

(2) [sleeping]　　　　　　　　　　　(7)  [meeting/handshake]

(3) [playing on slide]　　　　　　　(8)  [reading]

(4) [looking with magnifier]　　　　(9)  [singing]

(5) [eating]　　　　　　　　　　　　(10)  [working/on phone]

공부하다　보다　걷다　읽다　만나다

노래하다　먹다　자다　놀다　일하다

2. 장소 – Place

녹음을 잘 듣고 각각의 장소에 맞는 이름을 네모 안에 받아쓰세요.

Listen carefully to the audio and write the name of each place.

(1)  　　　　　　　　　　　　　　　　(6)

(2) 　　　　　　　　　　　　　　　　(7)

(3) 　　　　　　　　　　　　　　　　(8)

(4) 　　　　　　　　　　　　　　　　(9)

(5) 　　　　　　　　　　　　　　　　(10)

집	식당
도서관	노래방
회사	카페
공원	놀이터
학교	영화관

PART 2 표현 I - Expression I

Focus

 나츠코 씨가 지호 씨와 전화하고 있습니다. 대화를 잘 듣고 따라 해 보세요.

Natsuko is on the phone with Jiho. Listen and repeat the dialogue.

나츠코: 여보세요? 지호 씨, 지금 뭐 해요?

지호: 지금 공원에 있어요.

나츠코: 그래요? 혼자 있어요?

지호: 아니요. 지은 씨하고 같이 있어요. 지은 씨는 요가 하고 있고 저는 책을 읽고 있어요.

나츠코: 저도 가고 싶어요.

지호: 좋아요. 희망 공원으로 오세요. 나츠코 씨의 집에서 공원까지 버스로 10분쯤 걸려요.

나츠코: 네. 알겠어요.

Expression

1. N에서 N까지 (From N(place) to N(place)):

When "에서" is paired with "까지," it indicates the starting point and the ending point of an action or event. It can also be used with time expressions, but it is more commonly used with places.

Example:

집**에서** 학교**까지** 20분 걸려요.
(It takes me 20 minutes from home to school.)

회사**에서** 시청**까지** 가까워요.
(It's close to the city hall from the company.)

2. V-고 (A connective ending)

This connective ending can be attached to a verb to list two or more equivalents. It does not indicate order of time. If the subject of the preceding and following sentence is the same, the subject of the following sentence can be omitted. When the previous sentence ends with a noun, use (이)고.

Example:

- 저는 책을 읽어요. + 친구는 운동을 해요.
- → 저는 책을 읽고 친구는 운동을 해요.
  (I'm reading a book and my friend is exercising.)

- 이것은 가방이에요. + 저것은 공책이에요.
- → 이것은 가방이고 저것은 공책이에요.
  (This is a bag and that is a notebook.)

3. V-고 있다 (Present progressive)

To express that the action is ongoing, this pattern can be attached to the action verbs. It also can be used to talk about something that has happened in the past, by changing the 있다 to a past tense, which is 있었다.

Example:

저는 지금 책을 읽고 **있어요**.
(I'm reading a book now.)

어제저녁 8시에는 영화를 보고 **있었습니다**.
(I was watching a movie at 8 p.m. yesterday.)

4. -쯤, 정도 (Words for the degree)

-쯤 is a suffix that can be used to indicate an approximate amount. It's mainly used with the time.

1시간쯤
(about 1 hour)

이틀쯤
(about two days)

내일쯤
(about tomorrow)

12월쯤
(about December)

정도 is a noun that can be used to indicate an approximate quantity or level.

냉장고를 옮기는데 두 명 **정도**가 필요해요.
(About two people are needed to move the refrigerator.)

만 원 **정도**만 주세요.
(Please give me about 10,000 won.)

Practice 1 말하기 – Speaking

아래의 사진을 보고 이야기해 보세요.

Look at the picture below and talk about what you can see.

<보기>  → 고양이가 작고 귀여워요.

 (1) _____

 (2) _____

 (3) _____

Practice 2 문법 – Grammar

다음 동사들을 "(Verb)-고 있어요" 형태로 바꾸어 보세요.

Change the following verbs into the "(Verb)고 있어요" form.

기본형(Basic form)	(Verb)고 있어요
가다	
일하다	
먹다	
마시다	
보다	
입다	
자다	
공부하다	
배우다	
오다	
청소하다	
던지다	
웃다	
줍다	

PART 3 표현 II - Expression II

Focus

 상민 씨와 윤주 씨가 이야기를 하고 있습니다. 대화를 잘 듣고 따라 해 보세요.

Sangmin and Yoonju are talking. Listen and repeat the dialogue.

상민: 윤주 씨, 어제 뭐 했어요?

윤주: 어제 친구들을 만났어요. 영화표를 먼저 사고, 영화를 보기 전에 저녁을 같이 먹었어요. 맛있는 인도 음식을 먹었어요.

상민: 그래요? 저녁을 먹은 후에 영화를 봤어요?

윤주: 아니요. 밥을 먹은 후에는 쇼핑했어요. 그러고 나서 영화를 보러 갔어요. 영화는 정말 재미있었어요. 영화를 본 후에 친구들과 카페에서 이야기했어요. 정말 즐거웠어요.

Expression

1. V기 전에 (Before…)

V기 전에 is an expression that states that a specific action occurs earlier than the one in the preceding statement. Add 기 전에 after the action verbs.

Example:

밥을 **먹기 전에** 손을 씻으세요.
(= Wash your hands before eating.)

시험을 **치기 전에** 핸드폰을 꺼 주세요.
(= Please turn off your cell phone before taking the test.)

영화를 **보기 전에** 무엇을 할까요?
(=What shall we do before watching the movie?)

2. V(으)ㄴ 후에 (After…)

It's an expression used to indicate that one does a specific action mentioned in the previous statement and then does another one later.

Attach ㄴ 후에 if the verb stem ends in a vowel, and attach 은 후에 if the verb stem ends in a consonant.

Example:

저는 매일 **샤워를 한 후에** 출근합니다.
(= I go to work after taking a shower every day.)

밥을 **먹은 후에는** 이를 닦으세요.
(= Brush your teeth after eating.)

영화를 **본 후에** 친구와 커피를 마셨어요.
(=I drank coffee with my friend after watching the movie.)

Practice 1 말하기 – Speaking

아래의 사진을 보고 이야기 해보세요.

Look at the picture below and talk about what you can see.

<보기> 일어난 후에 샤워합니다.

(1) _____

(2) _____

(3) _____

Practice 2 문법 – Grammar

1. 다음 동사들을 "(Verb)기 전에" 형태로 바꾸어 보세요.

Change the following verbs into the "(Verb)기 전에" form.

기본형(Basic form)	(Verb)기 전에
가다	
일하다	
먹다	
마시다	
보다	
입다	
자다	
공부하다	
배우다	
오다	
청소하다	
던지다	
웃다	
줍다	

Practice 2 문법 – Grammar

2. 다음 동사들을 "(Verb)(으)ㄴ 후에" 형태로 바꾸어 보세요.

Change the following verbs into the "(Verb)(으)ㄴ 후에" form.

기본형(Basic form)	(Verb)(으)ㄴ 후에
가다	
일하다	
먹다	
마시다	
보다	
입다	
자다	
공부하다	
배우다	
오다	
청소하다	
던지다	
웃다	
줍다	

PART 4 듣기와 말하기 – Listen and Speak

Practice 1 듣기 – Listening

 케빈 씨가 방학에 무엇을 했는지 친구들에게 이야기하고 있어요. 잘 듣고 물음에 답하세요. 대화는 두 번 들려 드립니다.

Kevin is talking about what he did during the vacation. Listen carefully to the dialogue and answer the following questions. The dialogue will be played twice.

1. 한국에서 일본까지 얼마나 걸렸어요?

How long did it take to fly from Korea to Japan?

① 세 시간쯤

② 두 시간 정도

③ 한 시간쯤

④ 네 시간 정도

2. 도쿄는 어땠어요?

How was Tokyo?

① 크고 깨끗했어요.

② 크고 사람이 많았어요.

③ 관광객이 없었어요.

④ 아름답고 사람이 많았어요.

Practice 2 말하기 – Speaking

1. 아래의 그림을 잘 보고 사람들이 무엇을 하고 있는지 말해보세요.

Look at the picture below and talk about what people are doing.

2. 친구들의 성격이나 특징에 대해서 말해보세요.

Talk about your friends' personalities or characteristics.

<보기>

제임스 씨는 친절하고 똑똑해요.

PART 5 읽기와 쓰기 – Read and Write

Practice 1 읽기 – Reading

다음 대화문을 잘 읽고 질문에 답하세요.

Read the text below and answer the following questions.

> **로사:** 배가 아파요. 병원이 어디에 있어요?
>
> **지호:** 병원은 시청 옆에 있어요. 여기에서 병원까지 버스로 1시간 정도 걸려요.
>
> **로사:** 1시간이요? 배가 너무 아파요. 빨리 병원에 가고 싶어요.
>
> **지호:** 그러면 버스를 타지 말고 택시를 타세요. 택시로 15분쯤 걸려요.
>
> **로사:** 고마워요.

1. 여기에서 병원까지 버스로 얼마나 걸려요?

How long does it take from here to the hospital by bus?

① 십오 분쯤

② 십 분쯤

③ 열다섯 시간 정도

④ 한 시간 정도

2. 로사 씨가 택시를 타면 병원까지 얼마나 걸려요?

How long does it take for Rosa to get to the hospital by taxi?

Answer: _____

Practice 2 쓰기 – Writing

여러분이 자주 가는 식당에 대해서 써보세요. 집에서 얼마나 걸리는지, 어떤 음식을 파는지, 맛이 어떤지 등에 대해서 써보세요.

Write about your favorite restaurant. How far it is from home, what food does it sell, how does it taste, etc.

제가 가장 좋아하는 식당은 _____ 입니다.

_____

_____

_____

_____

_____

_____

_____

_____

_____

_____

_____

PART 6 복습하기 – Review and Check

1. 다음 중 알고 있는 단어나 표현에 표시하세요.
Check the words or expressions you know.

- ☐ 시청
- ☐ 공원
- ☐ 도서관
- ☐ 학교
- ☐ 회사
- ☐ 영화관

- ☐ 집
- ☐ 노래방
- ☐ 카페
- ☐ 식당
- ☐ 병원
- ☐ 노래를 부르고 있어요

- ☐ 잠을 자고 있어요
- ☐ 집에서 학교까지 10분쯤 걸려요
- ☐ 성민 씨는 친절하고 착해요
- ☐ 방이 크고 깨끗해요
- ☐ 자기 전에 이를 닦아요
- ☐ 일어난 후에 씻어요

2. 다음 문장을 "-고 있어요"를 사용한 문장으로 바꾸어 보세요.
Change the following sentences into "-고 있어요" sentences.

(1) 물을 마셔요. _____

(2) 강아지가 잠을 자요. _____

(3) 공항에서 비행기를 타요. _____

(4) 비빔밥을 먹어요. _____

(5) 공원을 달려요. _____

(6) 강아지와 산책해요. _____

(7) 수영을 해요. _____

(8) 도서관에서 책을 읽어요. _____

(9) 옷을 사요. _____

(10) 한국어를 공부해요. _____

3. 다음 두 문장을 '-고'를 사용해서 하나의 문장으로 바꾸어 보세요.

Change the following two sentences into one sentence using "-고."

(1) 저는 착해요. 저는 재미있어요.
_____

(2) 교실이 넓어요. 교실이 깨끗해요.
_____

(3) 저는 한국어를 배워요. 윤주 씨는 스페인어를 배워요.
_____

(4) 주스는 차가워요. 커피는 뜨거워요.
_____

(5) 언니는 대학생이에요. 남동생은 중학생이에요.
_____

(6) 이 노트북은 비싸요. 이 노트북은 무거워요.
_____

4. 주어진 단어와 "에서, 까지"를 사용하여 문장을 완성하세요.

Complete the following sentences using the given vocabulary and "에서, 까지".

<보기>

학교 / 도서관 / 5분 정도

→ 학교**에서** 도서관**까지** 5분 정도 걸려요.

(1) 집 / 회사 / 1시간쯤
_____

Korean Made Easy Level 2 | **Lesson 2**

(2) 시청 / 병원 / 15분 정도

_____

(3) 지은 씨 집 / 윤주 씨 집 / 10분 정도

_____

(4) 영화관 / 노래방 / 20분쯤

_____

5. 주어진 단어와 "-기 전에"를 사용하여 문장을 완성하세요.

Complete the following sentences using the given vocabulary and the grammar "-기 전에."

<보기>

노래를 부르다 / 물을 마시다

→ 노래를 **부르기 전에** 물을 마셨어요.

(1) 집에 가다 / 운동을 하다

_____

(2) 책을 읽다 / 영화를 보다

_____

(3) 요리를 하다 / 시장에 가다

_____

(4) 선물을 사다 / 꽃을 사다

_____

(5) 커피를 마시다 / 빵을 먹다

_____

6. 다음 문장을 "-은 후에"를 사용한 문장으로 바꾸어 보세요.

Change the following sentences into "-은 후에" sentences.

<보기>

영화를 보고 책을 읽었어요.

→ 영화를 본 후에 책을 읽었어요.

(1) 옷을 사고 커피를 마셨어요. _____

(2) 모자를 벗고 머리를 감았어요. _____

(3) 친구를 만나고 도서관에 갔어요. _____

(4) 병원에 가고 약국에 갔어요. _____

(5) 밥을 먹고 이를 닦았어요. _____

(6) 운동을 하고 샤워했어요. _____

(7) 노래를 부르고 춤을 췄어요. _____

(8) 옷을 입고 밖에 나갔어요. _____

(9) 공부하고 시험을 쳤어요. _____

(10) 의자에 앉고 글을 썼어요. _____

7. 다음 글을 읽고 맞으면 T, 틀리면 F에 표시하세요.

Read the following and mark T if correct and F if wrong.

> 저는 어제 수업이 끝나고 친구들하고 영화관에 갔습니다. 학교에서 영화관까지 버스로 30분 정도 걸렸어요. 영화관이 크고 멋졌습니다. 영화표를 사고 팝콘도 샀어요. 영화는 정말 감동적이고 슬펐습니다. 그다음에는 노래방에 갔어요. 친구들은 노래를 부르고 저는 춤을 췄어요. 정말 재미있고 신났습니다.

( ) (1) 영화관이 컸어요.

( ) (2) 학교에서 영화관까지 택시로 갔어요.

( ) (3) 영화는 감동적이고 웃겼어요.

( ) (4) 노래방에서 친구들은 노래를 불렀어요.

8. 다음을 잘 듣고 받아 적으세요.

Listen carefully and write what was said.

(1) _____
(2) _____
(3) _____
(4) _____
(5) _____
(6) _____
(7) _____
(8) _____
(9) _____
(10) _____

PART 7 한국 문화 배우기 – Learn Korean Culture

Korea is widely known for its extensive transportation system, making it a great destination for both the tourists looking to explore the cities and the business travelers who need to get from one place to another efficiently. There are several transport options in Korea that ensure your trip is convenient and enjoyable.

The subway is a default choice of transportation in Korea, especially in the major cities like Seoul, Busan, and Daegu. The subway networks in these cities are modern, well connected, and incredibly easy to navigate. They're known for being clean, reliable, and have signage in both Korean and English, which makes it even easier for foreigners to find their way.

Buses are a choice for traveling within and between the cities. In Korea, the bus network is extensive, also covering rural areas, offering an affordable way to get around. The buses are comfortable and safe. The routes are designed to ensure a hassle-free journey to your desired destination.

If you're looking for more flexible choice of transportation, you can take taxis, which can be readily found throughout Korea. Taxis are known for their efficiency, reliability, and the knowledge of the drivers about the city. However, it's worth mentioning that not all taxi drivers are fluent in English. To ensure smooth communication, it is helpful to have your destination written in Korean or use translation apps.

If you're interested in venturing out of the urban areas, Korea boasts a well-developed and highly efficient railway network.The Korea Train eXpress (KTX) is a high speed rail system that connects large cities like Seoul, Busan, Gwangju, and Incheon. Opting for a journey on the KTX enables you to reach your desired locations swiftly and comfortably while enjoying vistas of the countryside.

Translation

Part 2 표현 I - Expression I

Focus

Natsuko: Hello? Jiho, what are you doing now?

Jiho: I'm in the park right now.

Natsuko: Really? Are you alone?

Jiho: No. I'm with Jieun. Jieun is doing yoga and I'm reading a book.

Natsuko: I want to go, too.

Jiho: Good. Come to Himang Park. It takes about 10 minutes by bus from Natsuko's house to the park.

Natsuko: Yes. All right.

Part 3 표현 II - Expression II

Focus

Sangmin: Yoonju, what did you do yesterday?

Yoonju: I met my friends yesterday. We bought the movie tickets first, and we had dinner together before watching the movie. We ate delicious Indian food.

Sangmin: Really? Did you watch a movie after dinner?

Yoonju: No. After eating, we went shopping. And then we went to the movies. The movie was really fun. After watching the movie, I talked with my friends at a cafe. It was really fun.

Part 4 읽기와 쓰기 – Read and Write

Practice 1 읽기 – Reading

Rosa: I have a stomachache. Where is the hospital?

Jiho: The hospital is next to city hall. It takes about an hour by bus from here to the hospital.

Rosa: An hour? I have a terrible stomachache. I can't wait to go to the hospital.

Jiho: Then don't take a bus and take a taxi. It takes about 15 minutes by taxi.

Rosa: Thank you.

제 3 과

사과가 얼마예요?
How Much Is the Apple?

학습목표 Objectives

- ✓ How to purchase products in a store
- ✓ How to use an imperative sentence
- ✓ How to talk about a plan or intention

Part 1 어휘 – Vocabulary

- 단위 명사 – Counters
- 한자어 수 – Sino-Korean Numbers

Part 2 표현 I – Expression I

- 한자어 수 연습 – How to Use Sino-Korean Numbers
- V(으)십시오 – Imperative Sentence Ending

Part 3 표현 II – Expression II

- V(으)려고 하다 – Plan to, Intend to
- V아/어 보다 – Try, Have an experience

Part 4 듣고 말하기 – Listen and Speak

- 점원과 손님의 대화를 듣고 이해하기 – Listen to a Conversation Between a Shop Assistant and a Customer
- 가게의 손님이 되어 물건에 대해 점원과 말하기 – Have a Conversation With the Cashier as a Customer

Part 5 읽고 쓰기 – Read and Write

- 중고 물건을 판매하는 글을 읽고 이해하기 – Read a Text about a Second-hand Good
- 식당을 SNS에 홍보하는 글을 쓰기 – Write a Publicity Post on Social Media About Your Favorite Restaurant

Part 6 복습하기 – Review and Check

Part 7 한국 문화 배우기 – Learn Korean Culture

PART 1 어휘 – Vocabulary

 1. 단위 명사 – Counters

녹음을 잘 듣고 아래에서 해당하는 단위 명사를 찾아서 쓰세요.

Listen carefully to the audio, and write the correct counter word from below.

(1)  [calendar 202X]

(2)  [60 mins]

(3)  [JAN 01]

(4) 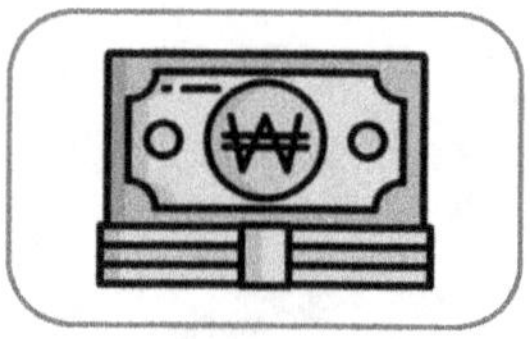 [₩]

(5)  [205]

(6) 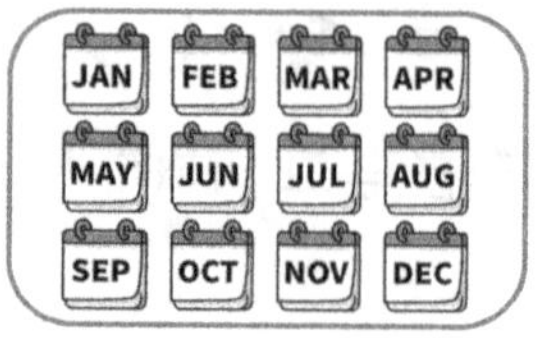 [JAN–DEC months]

(7)  [7 FLOOR]

(8)  [$]

일   달러   월   년
분   층   호   원

2. 한자어 수 – Sino-Korean numbers

녹음을 잘 듣고 한자어 수를 네모 안에 받아쓰세요.

Listen carefully to the audio and write down the Sino-Korean numbers.

(1)  1 ☐   (6)  6 ☐

(2) 2 ☐   (7)  7 ☐

(3) 3 ☐   (8)  8 ☐

(4) 4 ☐   (9)  9 ☐

(5) 5 ☐   (10)  10 ☐

PART 2 표현 I - Expression I

Focus

 성민 씨가 미용실에 갔습니다. 대화를 잘 듣고 따라 해 보세요.

Seongmin is at the hair salon. Listen and repeat the dialogue.

미용사: 어서 오세요, 손님. 성함과 전화번호가 어떻게 되세요?

고객: 이성민입니다. 123-456-7890입니다.

미용사: 네, 이쪽에 앉으십시오. 어떤 스타일을 원하세요?

고객: 그냥 짧게 잘라 주십시오.

미용사: 알겠습니다.

(잠시 후)

미용사: 다 됐습니다. 마음에 드세요?

고객: 네, 감사합니다. 얼마예요?

미용사: 이만 오천 원입니다.

Expression

1. 한자어 수 (Sino-Korean numbers)

There are two number systems in Korea. One is based on native Korean numbers, and the other is based on Sino-Korean numbers, which originates from the Chinese language. In this lesson, we will talk about the Sino-Korean numbers.

Sino-Korean numbers can be used with dates, phone numbers, prices, minutes, floor numbers, room numbers, and numbers above 100. See the below table for the numbers from 0 to 10 in Sino-Korean.

0	영/공
1	일
2	이
3	삼
4	사
5	오
6	육
7	칠
8	팔
9	구
10	십

Numbers from 10 to 20 can be easily formed by adding 1(일), 2(이)… etc., after 10(십): 11(십일), 12(십이), 13(십삼), 14(십사), 15(십오) 16(십육), 17(십칠) 18(십팔), 19(십구)

The same applies to the numbers above 20 and so on.

20	이십
30	삼십
40	사십
50	오십
60	육십
70	칠십
80	팔십
90	구십
100	백
1,000	천
10,000	만

2. V(으)십시오 (Imperative Sentence Ending)

This sentence ending is a formal version of (으)세요. You might hear or use this in a formal situation, such as in a public place.

Attach 십시오 if the verb stem ends in a vowel, and attach 으십시오 if the verb stem ends in a consonant.

Example:

여기에서 담배를 피우지 **마십시오**.

(= Do not smoke here.)

이쪽으로 **오십시오**.

(= Come this way, please.)

여기에 **앉으십시오**.

(= Please sit here.)

Practice 1 말하기 – Speaking

아래의 사진을 보고 알맞은 한자어 수를 사용해 대답해 보세요.

Look at the picture below and answer the questions using the correct Sino-Korean numbers.

(1) 전화번호가 어떻게 되세요?

_____

(2) 오렌지 주스가 얼마예요?

_____

(3) 오늘이 몇 월 며칠이에요?

_____

(4) 방 번호가 뭐예요?

_____

Practice 2 문법 – Grammar

다음 동사들을 "Verb (으)십시오" 형태로 바꾸어 보세요.

Change the following verbs into the "Verb (으)십시오" form.

기본형(Basic form)	(Verb)(으)십시오
가다	
일하다	
보다	
입다	
공부하다	
배우다	
오다	
청소하다	
던지다	
웃다	
줍다	

PART 3 표현 II - Expression II

Focus

 리사 씨는 컴퓨터 가게에 있습니다. 대화를 잘 듣고 따라 해 보세요.

Lisa is at a computer store. Listen and repeat the dialogue.

점원: 어서 오세요. 무엇이 필요하세요?

리사: 가볍고 싼 노트북을 사려고 합니다. 어떤 것이 있나요?

점원: 이쪽에 다양한 노트북이 있습니다. 이건 오십만 원이에요. 가격도 싸고 가벼운 노트북입니다. 한번 들어 보세요.

리사: 정말 가볍네요. 저쪽에 있는 저건 얼마예요?

점원: 저 분홍색 노트북이요? 저건 백만 원입니다. 저것도 가벼워요. 한번 들어 보세요.

리사: 그렇네요. 하지만 가격이 조금 비싸요.

Expression

1. V(으)려고 하다 (Plan to, Intend to)

This expression can be used to indicate that there is an intention or willingness to do the act mentioned in the previous statement.

Attach 려고 하다 if the verb stem ends in a vowel, and attach 으려고 하다 if the verb stem ends in a consonant.

Example:

신발을 **사려고 해요**. (= I'm going to buy shoes.)

피자를 **먹으려고 해요**. (I'm going to eat pizza.)

내년 겨울에 남자친구와 결혼**하려고 해요**. (= I'm going to marry my boyfriend next winter.)

2. V아/어 보다 (Try, Have an experience)

It's an expression used to indicate that one does the act mentioned in the preceding statement, as a test. You can also use this expression to indicate that one experienced the act mentioned in the preceding statement earlier.

Attach 아 보다 if the verb stem ends in a vowel ㅏ or ㅗ, and attach 어 보다 if the verb stem ends in a vowel that is not ㅏ or ㅗ. For 하다 verbs, attach 해 보다.

Example:

마음에 드는 옷을 하나 **골라 보세요**. (= Pick one outfit you like.)

이 요리를 한번 **먹어 보세요**. (= Try this dish.)

운동을 한번 **해 보세요**. (= Try exercising.)

저는 어릴 때 미국에 **가 봤어요**. (= I have visited the U.S. when I was young.)

이 책을 **읽어 봤어요?** (= Have you read this book?)

바다에서 **수영해 봤어요**. (= I have swum in the sea.)

Practice 1 말하기 – Speaking

아래의 사진을 보고 <보기>와 같이 "(으)려고 해요"를 사용하여 말해보세요.

Look at the picture below and change the sentence using "(으)려고 해요."

<보기> → 집을 사려고 해요.

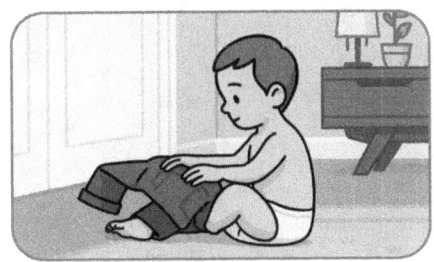

(1) _____

(2) _____

(3) _____

Practice 2 문법 – Grammar

1. 다음 동사들을 "Verb (으)려고 해요" 형태로 바꾸어 보세요.

Change the following verbs into the "Verb (으)려고 해요" form.

기본형(Basic form)	(Verb)(으)려고 해요
가다	
일하다	
보다	
입다	
공부하다	
배우다	
오다	
청소하다	
던지다	
웃다	
줍다	

2. 다음 동사들을 "Verb 아/어 보세요" 형태로 바꾸어 보세요.

Change the following verbs into the "Verb 아/어 보세요" form.

기본형(Basic form)	(Verb)아/어 보세요
가다	
먹다	
마시다	
입다	
듣다	
배우다	
오다	
운동하다	
던지다	
웃다	
잡다	

PART 4 듣기와 말하기 – Listen and Speak

Practice 1 듣기 – Listening

 윤주 씨가 옷 가게에서 옷을 사고 있어요. 점원과의 대화를 잘 듣고 물음에 답하세요. 대화는 두 번 들려 드립니다.

Yoonju is buying clothes at a clothing store. Listen carefully to the dialogue with the shop assistant and answer the questions. The dialogue will be played twice.

1. 윤주 씨는 무슨 색깔 치마를 샀어요?

What color skirt did Yoonju buy?

① 회색

② 흰색

③ 검은색

2. 흰색 치마는 얼마예요?

How much is a white skirt?

① 오만 사천 원

② 오만 팔천 원

③ 삼만 팔천 원

④ 삼만 사천 원

Practice 2 말하기 – Speaking

1. 친구와 짝을 이뤄 식당의 손님과 점원 역할을 정합니다. 아래의 그림을 잘 보고 세 가지 음식을 주문하고 가격을 묻고 대답하는 대화를 해 보세요.

Role play with a friend as a restaurant's customer and cashier. Look at the picture below and have a conversation where you order three food items and ask and answer the price.

2. 여러분 방에 있는 물건의 가격을 말해보세요.

Talk about the price of the items that you have in your room.

<보기>

제 신발은 십만 원이에요.

PART 5 읽기와 쓰기 – Read and Write

Practice 1 읽기 – Reading

다음은 중고 물건을 판매하는 글입니다. 잘 읽고 질문에 답하세요.

This a post for selling a second-hand article. Read the text and answer the following questions.

식탁을 팝니다. 이 식탁은 제가 2년 전에 395,000원에 샀습니다. 흰색 식탁이고, 의자가 네 개 있어요. 식탁과 의자 모두 깨끗합니다. 식탁과 의자를 270,000원에 팔아요. 구매를 원하시면 123-456-7890 로 전화하십시오.

1. 식탁을 사려면 얼마를 내야 해요?

How much do you have to pay to buy a table?

① 이십칠만 오천 원

② 삼십구만 오천 원

③ 이십칠만 원

④ 삼십칠만 원

2. 이 사람의 전화번호는 뭐예요? 한자어 수로 써 보세요.

What is this person's phone number? Write it in Korean, using the Sino-Korean numbers.

Answer: _____

Practice 2 쓰기 – Writing

여러분이 좋아하는 식당을 SNS에 홍보하려고 합니다. 식당에 대해 소개하는 글을 써보세요. 각 메뉴의 가격에 대해서도 반드시 말해야 합니다.

You are going to promote your favorite restaurant on social media. Write an introduction about the restaurant. You must also talk about the price of each dish on the menu.

PART 6 복습하기 – Review and Check

1. 다음 중 알고 있는 단어나 표현에 표시하세요.

Check the words or expressions you know.

- ☐ 년
- ☐ 월
- ☐ 팔
- ☐ 육
- ☐ 일
- ☐ 분
- ☐ 층

- ☐ 호
- ☐ 원
- ☐ 달러
- ☐ 이거 주십시오
- ☐ 이쪽으로 오십시오
- ☐ 여기에 앉으십시오
- ☐ 칠만 사천 원

- ☐ 백만 원
- ☐ 물을 사려고 해요
- ☐ 옷을 입으려고 해요
- ☐ 이 옷을 입어 보세요
- ☐ 여기에 앉아 보세요
- ☐ 콘서트에 가 봤어요

2. 다음 문장을 "-(으)십시오"를 사용한 문장으로 바꾸어 보세요.

Change the following sentences into "-(으)십시오" sentences.

(1) 여기에 앉으세요. _____

(2) 저쪽으로 가세요. _____

(3) 줄을 서세요. _____

(4) 손잡이를 잡으세요. _____

(5) 3시까지 오세요. _____

(6) 일찍 일어나세요. _____

(7) 매일 운동하세요. _____

(8) 자주 웃으세요. _____

(9) 조심하세요. _____

(10) 그 책을 주세요. _____

3. 다음 숫자를 한자어 수로 바꾸어 보세요.

Change the following numbers into Korean, using the Sino-Korean numbers.

(1) 010-4627-9813 _____

(2) 284권 _____

(3) 18,500원 _____

(4) 19층 _____

(5) 301호 _____

(6) 12월 6일 _____

(7) 1,524,900원 _____

(8) 9047번 버스 _____

4. 다음 문장을 "-(으)려고 해요"를 사용한 문장으로 바꾸어 보세요.

Change the following sentences into "-(으)려고 해요" sentences.

(1) 물을 마셔요. _____

(2) 바이올린을 연습해요. _____

(3) 춤을 춰요. _____

(4) 피자를 먹어요. _____

(5) 다이어트를 해요. _____

(6) 책을 읽어요. _____

(7) 영화를 봐요. _____

(8) 글을 써요. _____

(9) 병원에 가요. _____

(10) 시험을 쳐요. _____

5. 다음 문장을 "-아/어 보세요"를 사용한 문장으로 바꾸어 보세요.

Change the following sentences into "-아/어 보세요" sentences.

(1) 입을 벌리세요. _____

(2) 여기에 앉으세요. _____

(3) 신발을 신으세요. _____

(4) 일찍 일어나세요. _____

(5) 공부를 열심히 하세요. _____

(6) 정답을 확인하세요. _____

(7) 책을 읽으세요. _____

(8) 사진을 찍으세요. _____

(9) 제주도에 가세요. _____

(10) 산에 올라가세요. _____

6. 다음 문장을 "-아/어 봤어요"를 사용한 문장으로 바꾸어 보세요.

Change the following sentences into "-아/어 봤어요" sentences.

(1) 서울에 갔어요. _____

(2) 한국 음식을 먹었어요. _____

(3) 테니스를 쳤어요. _____

(4) 아파트에서 살았어요. _____

(5) 수영을 배웠어요. _____

(6) 한복을 입었어요. _____

(7) 그 노래를 들었어요. _____

(8) 지하철을 탔어요. _____

(9) 혼자서 여행했어요. _____

(10) 김밥을 만들었어요. _____

7. 다음 글을 읽고 맞으면 T, 틀리면 F에 표시하세요.

Read the following and mark T if correct and F if wrong.

> 걸그룹 메이즈의 콘서트가 8월 19일, 저녁 7시 30분에 종합운동장에서 열립니다. 티켓은 7월 3일 오후 2시부터 온라인으로 구매하실 수 있습니다. 가격은 160,000원입니다. 궁금한 점이 있으시면 아래의 전화번호로 연락하십시오. 감사합니다.
>
> 문의: 02-345-7801 (오전 9시부터 오후 5시까지)

( ) (1) 콘서트 날짜는 팔월 십구일입니다.

( ) (2) 티켓은 칠월 사일 두시부터 살 수 있습니다.

( ) (3) 티켓 가격은 십팔만 원입니다.

( ) (4) 문의 전화번호는 공이, 삼사오, 칠팔공일입니다.

8. 다음을 잘 듣고 질문에 답하세요.

Listen carefully to the following and answer the questions.

(1) 비행기 표는 얼마였나요? How much was the flight ticket?

Answer: _____

(2) 비행기는 인천 공항에서 몇 시에 출발하나요? What time does the flight depart from Incheon Airport?

Answer: _____

PART 7 한국 문화 배우기 – Learn Korean Culture

In Korean culture, dating relationships are considered important so the couples often commemorate their love and commitment through anniversary celebrations. These special milestones occur at intervals such as the 200th day and more, in addition to the yearly anniversaries. These celebrations hold a meaning for the couples as they provide an opportunity to express their emotions and strengthen their bond.

During these anniversary celebrations, couples typically exchange gifts and spend time together. It is common for them to exchange such items as matching couple rings or photo albums that capture moments of their precious memories. They may also choose to celebrate with a dinner at a fancy restaurant.

Birthdays are another occasion that emphasizes the importance of relationships, emotional connections and nurturing love over time. It serves as a reminder that love is a journey celebrating for its accomplishments and every day spent together is a priceless gift.

Translation

Part 2 표현 I - Expression I

Focus

Hairdresser: Welcome, sir. What is your name and phone number, please?

Customer: This is Lee Sung Min. 010-9641-8253.

Hairdresser: Ok, please sit here. What kind of haircut do you want?

Customer: Just cut it short please.

Hairdresser: All right.

(A few minutes later)

Hairdresser: It's done. Do you like it?

Customer: Yes, thank you. How much is it?

Hairdresser: It's 25,000 won.

Part 3 표현 II - Expression II

Focus

Shop Assistant: Hello. What are you looking for?

Lisa: I'm looking for a light and cheap laptop. What kind of laptops are here?

Shop Assistant: There are various laptops here. This one is 500,000 won. It's cheap and the weight is light. Please try to carry it.

Lisa: It's really light. How much is that one over there?

Shop Assistant: That pink laptop? That's a million won. That's light, too.

Lisa: That's right. But the price is a little high.

Part 4 읽기와 쓰기 – Read and Write

Practice 1 읽기 – Reading

I'm selling the table. I bought this table for 395,000 won two years ago. It's a white table, and there are four chairs. Both the table and the chairs are in a good condition. I'm selling the table and the chairs for 270,000 won. If you want to buy it, call 010-4801-2973.

제4과

내일 영화를 볼까요?
Shall We Watch a Movie Tomorrow?

학습목표 Objectives

✓ How to make an appointment
✓ How to suggest something to someone

Part 1 어휘 – Vocabulary

- 약속, 제안 – Appointment, Suggestion

Part 2 표현 – Expression

- V(으)ㄹ까요 – Shall we…?
- V(으)ㅂ시다 – Let's…
- V아/어요 – Let's…

Part 3 표현 – Expression

- V어야겠어요 – Will have to, Must
- V거든요 – Explaining a Reason

Part 4 듣고 말하기 – Listen and Speak

- 두 사람이 약속을 정하는 대화를 듣고 이해하기 – Listen to a Conversation Between Two People Making an Appointment
- 부모님의 선물을 함께 고르기 – Choose a Gift for Your Parents

Part 5 읽고 쓰기 – Read and Write

- 약속을 제안하는 문자 메시지를 읽고 이해하기 – Read a Text Message Suggesting an Appointment
- 친구에게 주말 나들이를 제안하는 문자 메시지 쓰기 – Write a Text Message to a Friend to Go Out on the Weekend

Part 6 복습하기 – Review and Check

Part 7 한국 문화 배우기 – Learn Korean Culture

PART 1 어휘 – Vocabulary

 1. 시간 – Time

녹음을 잘 듣고 아래에서 해당하는 단어를 찾아서 쓰세요.

Listen carefully to the audio, match each counter word and write it.

(1)  [밤]

(2)  [시]

(3)  [오늘]

(4)  [점심]

(5)  [저녁]

(6)  [요일]

(7)  [아침]

(8)  [날짜]

| 시 | 요일 | 날짜 | 오늘 |
| 아침 | 점심 | 저녁 | 밤 |

2. 약속 장소 - Place

녹음을 잘 듣고 아래에서 해당하는 단어를 찾아서 쓰세요.

Listen carefully to the audio, match each counter word and write it.

(1)

(2)

(3)

(4)

(5)

(6)

지하철역 출구

쇼핑몰

영화관

버스정류장

학교 정문

식당

PART 2 표현 I - Expression I

Focus

 제임스와 나츠코가 같이 영화를 보러 가기 위해서 약속을 잡고 있습니다. 대화를 잘 듣고 따라 해 보세요.

James and Natsuko are making an appointment to go to the movies together. Listen and repeat the dialogue.

제임스: 나츠코 씨, 영화 <스파이더맨>이 개봉했어요. 이번 주 일요일에 같이 보러 갈까요?

나츠코: 정말요? 그런데 이번 주 일요일은 안 돼요. 미용실에 가야 해요.

제임스: 그래요? 그러면 토요일은 어때요?

나츠코: 토요일은 괜찮아요. 그날 만납시다. 몇 시 영화를 볼까요?

제임스: 음, 잠깐만요. 영화 시간표를 볼게요. 오후 2시 영화가 있어요. 이걸 볼까요?

나츠코: 좋아요! 그러면 2시까지 영화관 앞으로 갈게요.

Expression

1. V(으)ㄹ까요 (Suggestion sentence ending)

This sentence ending can be used when you are suggesting something to someone. You can use this pattern to ask for the listener's opinion or propose something. It's a casual-polite speech level.

Attach ㄹ까요 if the verb stem ends in a vowel, and attach 을까요 if the verb stem ends in a consonant.

Example:

제임스 씨, 내일 등산을 **갈까요**?
(= James, shall we go hiking tomorrow?)

우리 무슨 음식을 **먹을까요**?
(= What should we eat?)

언제 영화를 **볼까요**?
(= When shall we watch a movie?)

2. V(으)ㅂ시다 (Request sentence ending)

This expression can be translated in English as "Let's… ." It's a formal polite speech level sentence ending.

Attach ㅂ시다 if the verb stem ends in a vowel, and attach 읍시다 if the verb stem ends in a consonant.

Example:

여기에 **앉읍시다**.
(= Let's sit here.)

같이 **노래합시다**.
(= Let's sing together.)

3. V(으)ㄹ게요 (A sentence ending)

If you want to show your commitment for doing something in the future, you can use this sentence ending. It shows the speaker's promise for doing something, or that the speaker notifies the listener that he/she will do something.

Attach ㄹ게요 if the verb stem ends in a vowel, and attach 을게요 if the verb stem ends in a consonant.

Example:

내일은 꼭 방 청소를 **할게요**.
(= I promise that I'll clean my room tomorrow.)

다음부터는 **안 그럴게요**.
(= I promise that I'll never do that again.)

이제 다시는 지갑을 **안 잃어버릴게요**.
(= I promise that I'll never lose my wallet again.)

오늘은 일찍 **잘게요**.
(= I promise that I'll go to bed early today.)

Practice 1 말하기 – Speaking

아래의 사진을 보고 <보기>와 같이 "(으)ㄹ까요?"를 사용하여 말해보세요.

Look at the picture below and change the sentence using "(으)ㄹ까요?"

<보기>

<보기>

같이 등산 가요. → 같이 등산 갈까요?

(1) 같이 노래해요. _____

(2) 같이 여행을 떠나요. _____

(3) 같이 저녁을 먹어요. _____

(4) 카페에서 만나요. _____

Practice 2 문법 – Grammar

1. 다음 동사들을 "Verb (으)ㄹ까요" 형태로 바꾸어 보세요.

Change the following verbs into the "Verb (으)ㄹ까요" form.

기본형(Basic form)	(Verb)(으)ㄹ까요
가다	
일하다	
보다	
입다	
공부하다	
배우다	
오다	
청소하다	
던지다	
웃다	
줍다	

2. 다음 동사들을 "Verb (으)ㅂ시다" 형태로 바꾸어 보세요.

Change the following verbs into the "Verb (으)ㅂ시다" form.

기본형(Basic form)	(Verb)(으)ㅂ시다
가다	
일하다	
보다	
입다	
공부하다	
배우다	
오다	
청소하다	
던지다	
웃다	
좁다	

PART 3 표현 II - Expression II

Focus

 윤주와 성민이 함께 여름휴가 계획을 짜고 있습니다. 대화를 잘 듣고 따라 해 보세요.

Yoonju and Seongmin are talking about their summer vacation. Listen and repeat the dialogue.

성민: 이번 여름휴가에 어디로 여행을 갈까요?

윤주: 저는 따뜻한 섬에 가고 싶어요. 발리나 괌이요. 바다에서 수영도 하고, 맛있는 생선 요리도 먹고 싶어요.

성민: 발리 좋네요. 저도 발리에 가 보고 싶었어요. 그런데 올해 휴가는 며칠부터예요?

윤주: 저는 8월 초에 휴가를 갈 수 있어요.

성민: 그러면 8월 항공편을 알아봐야겠네요. 또 발리에서 무엇을 하고 싶어요?

윤주: 요가도 배우고 싶어요. 저는 요가 선생님이 꿈이거든요.

Expression

1. V아/어야겠어요 (will have to, must)

This expression can be used to indicate a strong will for the act mentioned in the preceding statement, or to guess that doing the act may be necessary.

Attach 아야겠어요 if the verb stem ends in a vowel ㅏ or ㅗ, and attach 어야겠어요 if the verb stem ends in a vowel that is not ㅏ or ㅗ. For 하다 verbs, attach 해야겠어요.

Example:

오늘은 일찍 집에 **가야겠어요**.
(= I should go home early today.)

남자친구 선물로 시계를 **사야겠어요**.
(= I should buy a watch for my boyfriend.)

머리가 아파서 약을 **먹어야겠어요**.
(= My head hurts so much that I need to take a medicine.)

여기에 잠깐 **앉아야겠어요**.
(= I should sit down here for a moment.)

2. V거든요 (Explaining a reason)

It's a sentence ending that indicates the reasons or facts of the preceding contents are stated for granted. It's commonly used in spoken language. This expression gives a nuance that the speaker thinks that the listener does not know or have information about what he/she is going to say.

Example:

저는 샐러드를 먹을 거예요. 다이어트를 **하고 있거든요**.
(= I'm going to eat a salad. I'm on a diet.)

- 지호 씨, 눈이 빨개요. 괜찮아요?
(= Jiho, your eyes are red. Are you okay?)

- 어제 잠을 잘 자지 못하였어요. 늦게까지 **숙제했거든요**.
(= I didn't sleep well last night. I did my homework until late at night.)

Practice 1 말하기 – Speaking

아래의 사진을 보고 <보기>와 같이 "-아/어야겠어요"를 사용하여 말해보세요.

Look at the picture below and make the sentence using "-아/어야겠어요."

<보기>   춤을 춰야겠어요.

(1) _____

(2) _____

(3) _____

(4) _____

Practice 2 문법 – Grammar

1. 다음 동사들을 "Verb아/어야겠어요" 형태로 바꾸어 보세요.

Change the following verbs into the "Verb 아/어야겠어요" form.

기본형(Basic form)	(Verb)아/어야겠어요
가다	
일하다	
보다	
입다	
공부하다	
배우다	
오다	
청소하다	
던지다	
웃다	
줍다	

2. 다음 동사들을 "Verb거든요" 형태로 바꾸어 보세요.

Change the following verbs into the "Verb 거든요" form.

기본형(Basic form)	(Verb)거든요
가다	
일하다	
보다	
입다	
공부하다	
배우다	
오다	
청소하다	
던지다	
웃다	
줍다	

Part 4 듣기와 말하기 – Listen and Speak

Practice 1 듣기 – Listening

 윤주와 루시가 좋아하는 가수의 콘서트 티켓 예매에 관해 이야기하고 있습니다. 대화를 잘 듣고 물음에 답하세요. 대화는 두 번 들려 드립니다.

Yoonju and Lucy are talking about booking concert tickets for their favorite singer. Listen carefully to the dialogue with the clerk and answer the questions. The dialogue will be played twice.

1. 두 사람은 어디에 가고 싶어요?

Where do they want to go?

① 영화관

② 쇼핑몰

③ 콘서트

2. 언제부터 티켓을 살 수 있어요?

When can they start buying tickets?

① 내일 오후 2시

② 오늘 오후 2시

③ 내일 오후 1시 30분

④ 오늘 오후 1시 30분

Practice 2 말하기 – Speaking

1. 여러분은 형제와 함께 어버이날에 부모님께 드릴 선물을 고르고 있습니다. 짝과 함께 역할 분담을 하고 대화를 나누며 어떤 선물을 고를 것인지 이야기 해보세요.

You are choosing gifts for Parents' Day (a Korean celebration) with your sibling. Divide roles with your friend as a sibling and talk about what gift you will choose.

2. 여러분이 평소에 가보고 싶었던 장소가 있나요? 친구에게 같이 가자고 제안해 보세요. 가고 싶은 이유도 함께 설명해 주세요.

Is there a place you've always wanted to visit? Ask your friend to come with you. Please also explain why you want to go there.

<보기>

이번 여름에 제주도에 같이 갈까요? 아주 예쁜 섬이라고 들었거든요.

_____

_____

PART 5 읽기와 쓰기 – Read and Write

Practice 1 읽기 – Reading

지은 씨는 케빈 씨와 메신저로 대화를 나누고 있습니다. 잘 읽고 질문에 답하세요.

Jieun is talking to Kevin by mobile. Read the conversation and answer the following questions.

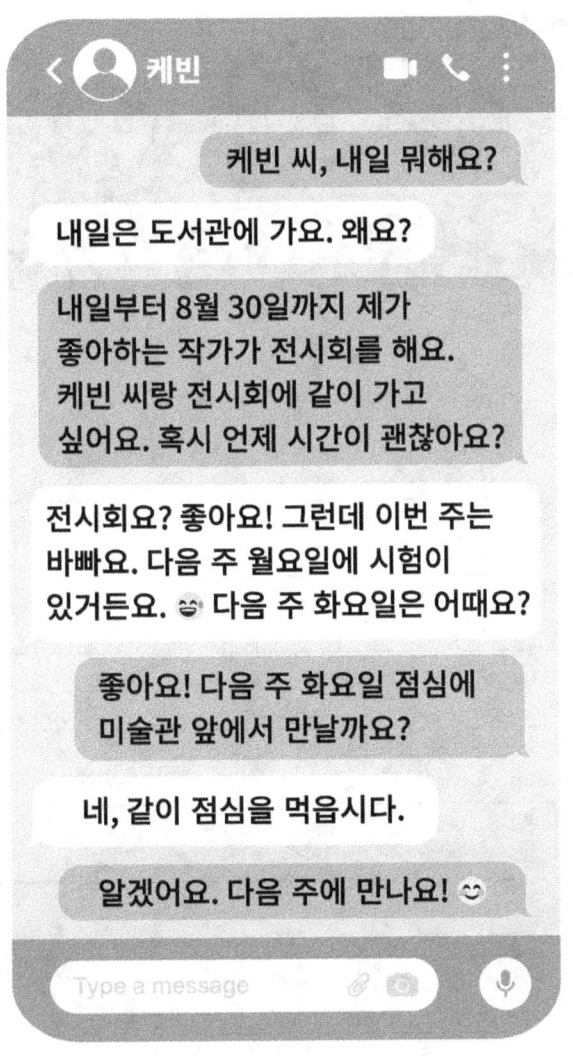

1. 지은 씨는 케빈 씨와 어디에 가고 싶어요? Where does Jieun want to go with Kevin?

① 도서관　　　② 식당　　　③ 학교　　　④ 전시회

2. 케빈 씨는 왜 이번 주에 바빠요? Why is Kevin busy this week?

Answer: 왜냐하면 _____

Practice 2 쓰기 – Writing

친구에게 이번 주말에 같이 놀러 가자고 제안하려고 합니다. 여러분이 가고 싶은 장소를 아래에서 하나 선택해서 친구에게 같이 가자고 제안하는 문자 메시지를 써 보세요.

You are going to suggest to your friend to hang out together on this weekend. Choose one place below and write a text message to your friend to hang out with him/her.

PART 6 복습하기 – Review and Check

1. 다음 중 알고 있는 단어나 표현에 표시하세요.

Check the words or expressions you know.

- ☐ 요일
- ☐ 시
- ☐ 오늘
- ☐ 밤
- ☐ 점심
- ☐ 아침

- ☐ 저녁
- ☐ 날짜
- ☐ 지하철역 출구
- ☐ 버스정류장
- ☐ 학교 정문
- ☐ 식당

- ☐ 쇼핑몰
- ☐ 영화관
- ☐ 일찍 집에 가야겠어요
- ☐ 이것을 살게요
- ☐ 내일 만날까요?
- ☐ 식당 앞에서 만납시다

2. 다음 문장을 "-(으)ㄹ까요"를 사용한 문장으로 바꾸어 보세요.

Change the following sentences into "-(으)ㄹ까요" sentences.

(1) 내일 만나요. _____

(2) 태국 음식을 먹어요. _____

(3) 손을 잡아요. _____

(4) 노래방에 가요. _____

(5) 같이 춤을 춰요. _____

(6) 같이 요리해요. _____

(7) 영화를 봐요. _____

(8) 소금을 줘요. _____

(9) 노래를 불러요. _____

3. 주어진 단어를 가지고 "-(으)ㄹ게요"를 사용한 문장을 만들어 보세요.

Make the "-(으)ㄹ게요" sentences using the given vocabulary.

(1) 열심히 일하다 _____

(2) 신발을 벗다 _____

(3) 방을 청소하다 _____

(4) 매일 책을 읽다 _____

(5) 일찍 자다 _____

(6) 매일 운동하다 _____

(7) 여기에 앉다 _____

(8) 커피를 마시다 _____

4. 다음 대화를 읽고 맞으면 T, 틀리면 F에 표시하세요.

Read the following and mark T if correct and F if wrong.

> 지은: 다음 주에 시험이 있어요. 공부 열심히 했어요?
>
> 성민: 아니요. 같이 도서관에 가서 공부할까요?
>
> 지은: 네. 그래야겠어요. 저도 공부를 안 했거든요.
>
> 성민: 내일 아침 일찍 도서관에 갑시다. 제가 7시쯤에 가 있을게요.
>
> 지은: 알겠어요. 저도 7시쯤에 갈게요.

(　) (1) 성민 씨는 공부를 열심히 했어요.

(　) (2) 지은 씨와 성민 씨는 같이 공부할 거예요.

(　) (3) 두 사람은 시험을 안 칠 거예요.

(　) (4) 지은 씨는 내일 여덟 시에 일어날 거예요.

5. 다음을 잘 듣고 질문에 답하세요.

Listen carefully to the following and answer the questions.

(1) 남자는 왜 뛰려고 했어요?

Why was the man going to run?

Answer: _____

(2) 여자는 남자에게 무엇을 제안했어요?

What did the woman suggest to the man?

Answer: _____

PART 7 한국 문화 배우기 – Learn Korean Culture

In South Korea, the 8th of May is known as Parents' Day (어버이날). This occasion holds significance as it provides an opportunity for people to express their heartfelt gratitude and affection toward their parents and guardians.

The roots of Parents' Day in Korea lie in traditions that emphasize the value of filial piety. The concept of Hyo, which underscores the importance of children's devotion and respect toward their parents is deeply ingrained in culture.

In Korea, Parents' Day is celebrated with enthusiasm through customs that demonstrate profound respect and love for parents. People often express their gratitude by presenting flowers, letters, or small gifts to their parents. Carnations representing love are particularly popular among gifts. They symbolize caring for one's children, with dedication, and unconditional love.

This holiday brings families together to honor their parents by partaking in dinners, outings, or even visiting tombs to pay respects and create memories. Schools also participate in this celebration through events or performances.

Parents' Day holds importance for Koreans as it strengthens family bonds and underscores the cultural value of honoring parents. This celebration serves as a reminder of the enduring worth of preserving the country's heritage.

Translation

Part 2 표현 I - Expression I - Focus

James: Natsuko, the movie <Spider-Man> is out. Shall we go watch it together this Sunday?

Natsuko: Really? But I can't this Sunday. I have to go to the hair salon.

James: Really? Then how about Saturday?

Natsuko: Saturday is fine. Let's meet that day. What time shall we watch the movie?

James: Well, wait a minute. Let me look at the movie schedule. There's a movie at 2 p.m. Why don't we watch this one?

Natsuko: Good! Then I'll go meet you in front of the movie theater at 2 o'clock.

Part 3 표현 II - Expression II - Focus

Sungmin: Where should we go for vacation on this summer?

Yoonjoo: I want to go to a warm island. Like Bali or Guam. I want to swim in the sea and eat delicious seafood.

Sungmin: Bali is nice. I wanted to go to Bali, too. By the way, when does your vacation start this year?

Yoonjoo: I can go on vacation in early August.

Sungmin: Then I'll have to check out the flights for August. What else do you want to do in Bali?

Yoonjoo: I want to learn yoga, too. My dream is to be a yoga teacher.

Part 4 읽기와 쓰기 – Read and Write - Practice 1 읽기 – Reading

- Kevin, what are you going to do tomorrow?

- I'm going to the library tomorrow. Why?

- My favorite artist is having an exhibition from tomorrow to August 30. I want to go to the exhibition with you. When do you have time?

- An exhibition? Sounds good! But I'm busy this week. I have an exam next Monday. How about next Tuesday?

- Sounds good! Shall we meet in front of the art museum next Tuesday lunch?

- Yes. Let's have lunch together.

- Thank you. See you next week!

제5과
이 방은 저 방보다 커요.
This Room Is Bigger than that Room.

학습목표 Objectives

✓ How to compare things
✓ How to talk about "while/at the same time"
✓ How to use noun modifier "(으)ㄴ"

Part 1 어휘 – Vocabulary

- 형용사 I – Adjectives I
- 형용사 II – Adjectives II

Part 2 표현 I – Expression I

- N은/는 – A Particle for the Comparison
- N보다 – ...than N (comparison)
- V지만 – Although it's V...

Part 3 표현 II – Expression II

- V(으)면서 – While, At the Same Time
- V(으)ㄴ – Noun Modifier for Adjectives

Part 4 듣고 말하기 – Listen and Speak

- 고향에 대해 소개하는 발표문을 듣고 이해하기 – Listen to a speech about the hometown
- 지금 살고 있는 곳과 예전에 살았던 곳을 비교하여 소개하기 – Compare Where You Live Now and Where You Lived Before

Part 5 읽고 쓰기 – Read and Write

- 여러 교통 수단을 비교하는 글을 읽고 이해하기 – Read a text about the different types of transportation
- 한국과 다른 나라에 대해 비교하는 에세이 쓰기 – Write an Essay Comparing Korea and Other Countries

Part 6 복습하기 – Review and Check

Part 7 한국 문화 배우기 – Learn Korean Culture

PART 1 어휘 – VOCABULARY

1. 형용사 I – Adjectives I

녹음을 잘 듣고 아래에서 해당하는 단어를 찾아서 쓰세요.

Listen carefully to the audio, match each word and write it.

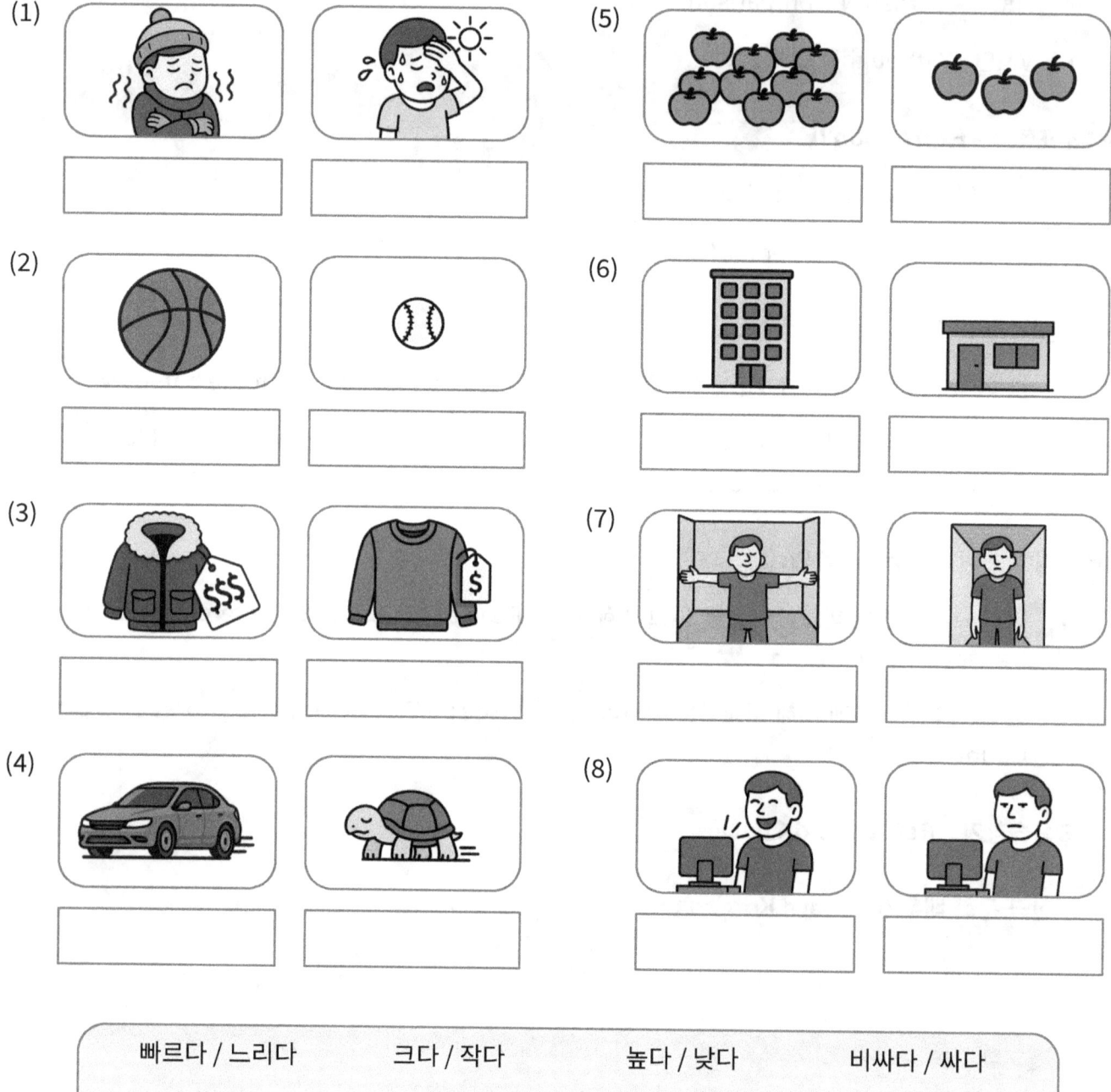

2. 형용사 II – Adjectives II

녹음을 잘 듣고 아래에서 해당하는 단어를 찾아서 쓰세요.

Listen carefully to the audio, match each word and write it.

(1)

(4)

(2)

(5)

(3)

(6)

```
깨끗하다 / 더럽다      맛있다 / 맛없다
두껍다 / 얇다         시원하다 / 따뜻하다
깊다 / 얕다           쉽다 / 어렵다
```

PART 2 표현 I - Expression I

Focus

 뉴스에서 일기예보를 하고 있습니다. 잘 듣고 따라 해 보세요.

The weather forecast is being broadcast on the news. Listen and repeat the forecast.

오늘 서울의 날씨는 맑습니다. 아침에는 비가 조금 왔지만, 지금은 화창합니다. 어제보다 기온도 따뜻합니다. 서울은 맑지만, 부산은 흐립니다. 아침부터 비가 많이 내리고 있습니다. 출근할 때 우산을 준비하세요.

Expression

1. N은/는 (A Particle for the Comparison)

This can be used for comparing two or more things in a sentence. It's a particle used to indicate that a certain subject contrasts with something else.

Example:

나는 영어**는** 잘하지만, 프랑스어**는** 못해요. (= I am good at English, but I am not good at French.)

오늘**은** 비가 오지만 내일**은** 맑을 거예요. (= It's raining today, but it'll be sunny tomorrow.)

나츠코**는** 서울에 살고 케빈**은** 부산에 살아요. (= Natsuko lives in Seoul and Kevin lives in Busan.)

2. N보다 (…than N (comparison))

This particle indicates the subject of a comparison when comparing different things.

Example:

버스**보다** 택시가 빠릅니다. (= Taxis are faster than buses.)

커피가 물**보다** 비싸요. (= Coffee is more expensive than water.)

이 바지**보다** 저 바지가 더 마음에 들어요. (= I like those pants more than these pants.)

3. V지만 (Although it's V…)

You can use this connective ending to admit the truth of the preceding statement and add facts that are the opposite of it or different.

Example:

비행기는 **비싸지만** 빨라요. (= Airplanes are expensive but fast.)

이곳의 겨울은 매우 **춥지만**, 여름은 선선해요. (= The winter here is very cold, but the summer is cool.)

날씨가 **흐리지만** 비는 안 와요. (= It's cloudy, but it's not raining.)

Practice 1 말하기 – Speaking

아래의 사진을 보고 <보기>와 같이 "N은/는… N보다"를 사용하여 말해보세요.

Look at the pictures below and make the sentence using "N은/는…N보다."

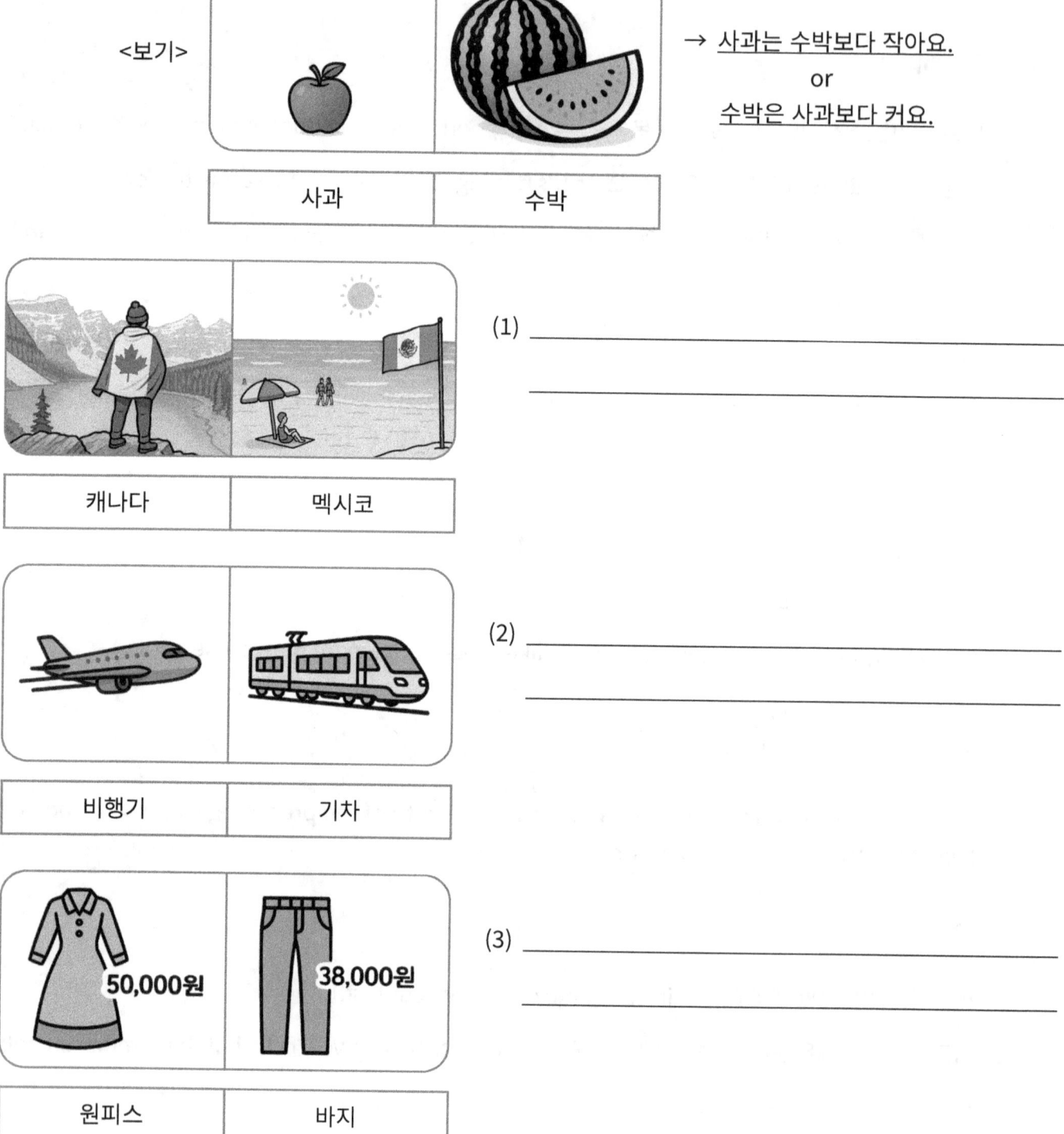

Practice 2 문법 – Grammar

1. 다음 동사들을 "Verb지만" 형태로 바꾸어 보세요.

Change the following verbs into the "Verb 지만" form.

기본형(Basic form)	(Verb)지만
가다	
일하다	
보다	
입다	
공부하다	
배우다	
오다	
청소하다	
던지다	
웃다	
줍다	

PART 3 표현 II - Expression II

Focus

나츠코와 케빈이 나중에 살고 싶은 집에 관해 이야기하고 있습니다. 잘 듣고 대화를 따라 해 보세요.

Natsuko and Kevin are talking about their dream house. Listen and repeat the dialogue.

케빈: 어떤 집에 살고 싶어요?

나츠코: 저는 정원이 있는 집에서 살고 싶어요. 그리고 거실이 넓으면서 부엌이 예쁜 집이 좋아요. 케빈 씨는요?

케빈: 저는 큰 나무가 있으면서 수영장도 있는 집에서 살고 싶어요.

Expression

1. V(으)면서 (While, At the Same Time)

V(으)면서 is a connection ending that indicates that two or more actions or states are simultaneously performed. When it's attached to the adjectives, it indicates that two states exist at the same time. If it's attached to the verbs, it means that two actions occur at the same time.

Attach 면서 if the verb stem ends in a vowel, and attach 으면서 if the verb stem ends in a consonant.

Example:

우리는 팝콘을 **먹으면서** 영화를 봤어요. (= We watched a movie while eating popcorn.)

저는 뉴스를 **보면서** 아침을 먹고 있습니다. (= I'm eating breakfast while watching the news.)

어제 친구와 커피를 **마시면서** 이야기했어요. (= I talked with my friend while drinking coffee yesterday.)

비행기는 기차보다 **비싸면서** 편합니다. (= Airplanes are more expensive and convenient than trains.)

이 휴대전화는 **가벼우면서** 성능이 좋아요. (= This cell phone is light and has good performance.)

그 식당의 음식은 **싸면서** 맛있어요. (= The food at that restaurant is cheap and delicious.)

2. V(으)ㄴ (Noun Modifier for Adjectives)

This is a noun modifier that converts **adjectives** into an adnominal phrase to modify nouns and represents the current state of an object or person.

Attach ㄴ if the verb stem ends in a vowel, and attach 은 if the verb stem ends in a consonant.

Example:

이것은 세계에서 가장 **큰** 나무예요. (= This is the biggest tree in the world.)

저는 **착한** 사람을 좋아해요. (= I like nice people.)

우리 집에는 **작은** 수영장이 있어요. (= There is a small swimming pool in my house.)

Practice 1 말하기 – Speaking

아래의 사진을 보고 아래에서 형용사를 골라 <보기>와 같이 "-(으)ㄴ"를 사용하여 말해보세요.

Look at the picture below and choose the adjective to describe the picture using "-(으)ㄴ."

<보기>   넓은 거실

(1) _____

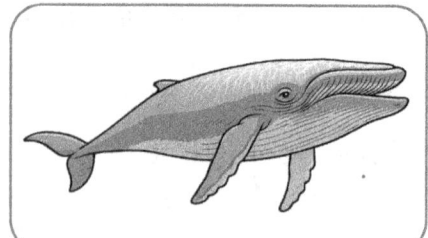

(2) _____

(3) _____

(4) _____

 (5) _____

 (6) _____

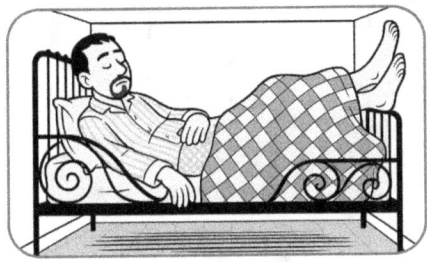 (7) _____

 (8) _____

> 작다   귀엽다   느리다   재미있다
> 맛있다   높다   빠르다   크다

Practice 2 문법 – Grammar

1. 다음 동사들을 "Verb(으)면서" 형태로 바꾸어 보세요.

Change the following verbs into the "Verb (으)면서" form.

기본형(Basic form)	(Verb)(으)면서
가다	
일하다	
보다	
입다	
공부하다	
배우다	
오다	
청소하다	
던지다	
웃다	
좁다	
느리다	
작다	
넓다	
크다	

많다	
비싸다	
가볍다	
재미있다	
부드럽다	
예쁘다	
춥다	
맛있다	
따뜻하다	
조용하다	
좁다	
귀엽다	

2. 다음 동사들을 "Verb(으)ㄴ" 형태로 바꾸어 보세요.

Change the following verbs into the "Verb (으)ㄴ" form.

기본형(Basic form)	(Verb)(으)ㄴ
느리다	
작다	
넓다	
크다	
많다	
비싸다	
가볍다	
재미있다	
부드럽다	
예쁘다	
춥다	
맛있다	
따뜻하다	
조용하다	
좁다	
귀엽다	

PART 4 듣기와 말하기 – Listen and Speak

Practice 1 듣기 – Listening

 성민 씨가 자신의 고향을 소개하고 있습니다. 대화를 잘 듣고 물음에 답하세요. 대화는 두 번 들려 드립니다.

Seongmin is introducing his hometown. Listen carefully and answer the questions. The dialogue will be played twice.

1. 부산의 날씨는 서울보다 어때요? How is the weather in Busan compared to Seoul?

① 추워요

② 시원해요

③ 따뜻해요

2. 부산에는 무엇이 많아요?

What are the things that can often be found in Busan?

① 눈이 많이 오는 식당

② 바다를 볼 수 있는 예쁜 식당과 카페

③ 친절한 식당

Practice 2 말하기 – Speaking

1. 여러분이 지금 살고 있는 곳과 예전에 살았던 곳을 비교하여 친구에게 소개해 보세요.

Compare where you live now with where you used to live and introduce it to your friend.

2. 여러분은 나중에 어떤 집에서 살고 싶나요? 친구에게 여러분이 꿈꾸는 집에 대해 말해보세요.

In what kind of house do you want to live in the future? Talk about your dream house with your friend.

_____

_____

_____

_____

PART 5 읽기와 쓰기 – Read and Write

Practice 1 읽기 – Reading

다음은 서울의 교통 수단에 관해 설명한 글입니다. 잘 읽고 질문에 답하세요.

The following is an explanation about the transportation in Seoul. Read the conversation and answer the following questions.

> **서울의 교통수단**
>
> 서울에는 다양한 교통수단이 있습니다. 버스, 지하철, 택시 등이 있습니다. 버스는 지하철보다 느리지만, 노선이 다양합니다. 지하철은 버스와 가격은 비슷하지만 조금 더 빠르게 먼 곳까지 갈 수 있습니다. 서울의 버스와 지하철은 안전하면서 편합니다. 택시는 지하철과 버스보다 비싸지만, 빠르고 편리한 교통수단입니다.

1. 버스와 지하철의 공통점은 무엇인가요?

What do buses and subways have in common?

① 빠르고 비싸다

② 빠르고 불편하다

③ 안전하고 편하다

④ 노선이 적다

2. 택시는 지하철과 어떤 차이점이 있나요?

What is the difference between a taxi and a subway?

Answer: _____

_____

Practice 2 쓰기 – Writing

두 나라를 골라 비교하는 글을 써 보세요. 어떤 특징이 있으며, 어떤 점이 비슷하고 어떤 점이 다른가요?

Write a comparison between two countries. What are the characteristics, the similarities, and the differences?

PART 6 복습하기 – Review and Check

1. 다음 중 알고 있는 단어나 표현에 표시하세요.

Check the words or expressions you know.

- ☐ 넓다
- ☐ 좁다
- ☐ 맛있다
- ☐ 맛없다
- ☐ 빠르다
- ☐ 느리다

- ☐ 작다
- ☐ 크다
- ☐ 재미있다
- ☐ 재미없다
- ☐ 높다
- ☐ 낮다

- ☐ 서울은 맑습니다
- ☐ 물은 커피보다 싸요
- ☐ 비행기는 빠르지만 비싸요
- ☐ 작으면서 예쁜 집
- ☐ 높은 건물
- ☐ 재미있는 드라마

2. 주어진 단어를 가지고 <보기>와 같이 "N은/는… N보다"를 사용하여 말해보세요.

Make "N은/는… N보다" sentences using the given vocabulary.

<보기>

눈이 많이 오다 / 한국 < 캐나다

→ <u>캐나다는 한국보다 눈이 많이 와요.</u>

(1) 빠르고 편리하다 / 버스 < 지하철

_____

(2) 키가 크다 / 케빈 < 성민

_____

(3) 맛있다 / 포도 < 딸기

_____

(4) 깊다 / 강 < 바다

_____

(5) 비싸고 빠르다 / 기차 < 비행기

_____

(6) 날씨가 따뜻하다 / 서울 < 부산

_____

3. 주어진 단어를 가지고 "-지만"을 사용한 문장을 만들어 보세요.

Make "-지만" sentences using the given vocabulary.

```
<보기>
이 지갑 / 예쁘다 / 비싸다
→ 이 지갑은 예쁘지만 비싸요.
```

(1) 이 식당 / 친절하다 / 맛없다   _____

(2) 버스 / 느리다 / 싸다   _____

(3) 멕시코 / 덥다 / 아름답다   _____

(4) 이 책 / 어렵다 / 재미있다   _____

(5) 스테이크 / 맛있다 / 비싸다   _____

4. 다음 두 문장을 '-(으)면서'를 사용해서 하나의 문장으로 바꾸어 보세요.

Change the following two sentences into one sentence using "-(으)면서."

<보기>

이 식당은 음식이 싸요. 이 식당은 음식이 맛있어요.

→ 이 식당은 음식이 **싸면서** 맛있어요.

저는 신문을 읽어요. 저는 아침을 먹어요.

→ 저는 신문을 **읽으면서** 아침을 먹어요.

(1) 그 강아지는 착해요. 그 강아지는 귀여워요.

___

(2) 교실이 넓어요. 교실이 깨끗해요.

___

(3) 주스는 차가워요. 주스가 달아요.

___

(4) 저 건물은 높아요. 저 건물은 아름다워요.

___

(5) 이 코트는 싸요. 이 코트는 예뻐요.

___

(6) 저는 밥을 먹어요. 저는 텔레비전을 봐요.

___

(7) 우리는 노래를 불러요. 우리는 춤을 춰요.
_____

(8) 저는 옷을 입어요. 저는 신발을 신어요.
_____

(9) 아빠는 요리해요. 아빠는 설거지해요.
_____

5. 주어진 단어를 가지고 "-(으)ㄴ"를 사용한 문장을 만들어 보세요.

Make "-(으)ㄴ" sentences using the given vocabulary.

<보기>

저는 (똑똑하다) 학생입니다.

→ 저는 **똑똑한** 학생입니다.

(1) 굉장히 (크다) 거실이네요. _____

(2) 태평양은 매우 (넓다) 바다입니다. _____

(3) 이것은 (어렵다) 시험이에요. _____

(4) 정말 (예쁘다) 꽃이네요. _____

(5) 저는 (재미있다) 영화를 좋아해요. _____

(6) 그는 (착하다) 사람입니다. _____

(7) 제가 (싸고 맛있다) 식당을 알아요. _____

(8) 저는 (달고 짜다) 음식을 좋아해요. _____

6. 다음 글을 읽고 맞으면 T, 틀리면 F에 표시하세요.

Read the following and mark T if correct and F if wrong.

> 저는 예전에 멕시코의 칸쿤에서 살았습니다. 칸쿤은 일년내내 더운 도시예요. 매년 많은 관광객이 방문합니다. 칸쿤의 바다는 정말 예쁘고 깨끗합니다. 저는 지금은 캐나다의 토론토에서 살고 있습니다. 토론토는 칸쿤보다 춥습니다. 겨울이 길면서 매우 눈이 많이 옵니다.

( ) (1) 칸쿤의 날씨는 덥습니다.

( ) (2) 토론토에는 눈이 조금 옵니다.

( ) (3) 토론토는 겨울이 짧습니다.

( ) (4) 칸쿤에는 예쁜 바다가 있습니다.

7. 다음을 잘 듣고 질문에 답하세요.

Listen carefully to the following and answer the questions.

(1) 남자는 어떤 영화를 제일 좋아해요?

What type of movie does the man like most?

Answer: _____

(2) 여자는 어떤 영화를 제일 좋아해요?

What type of movie does the woman like most?

Answer: _____

PART 7 한국 문화 배우기 – Learn Korean Culture

The Korean peninsula boasts a diverse geography resulting in four distinct seasons each with its own unique charm and cultural significance. As the seasons change, so do the Korean customs, activities, and ways of life reflecting the connection between nature and culture.

Spring, which spans from March to May, breathes life into nature and rejuvenates our spirits. The arrival of cherry blossoms, known as "벚꽃" in Korean, signals a start. The breathtaking display of pink and white petals symbolizes hopefulness and determination deeply ingrained in the Korean character. It's a time for people to gather under cherry blossom trees for picnics and celebrations.

Summer brings forth the energy and passion of Korean culture from June to August. The monsoon rains known as "장마" pose both challenges and opportunities to strengthen bonds. Koreans have a tradition on the hottest days of summer called "복날," where they enjoy a nourishing soup made with ginseng and chicken called "삼계탕." It is believed to replenish energy levels and vitality during this season.

Autumn is a time for introspection and gratitude among Koreans, spanning from September to November. In Korea, they refer to this time of the year as "가을," which holds a place in their hearts due to the pleasant weather and the enchanting colors of nature. As the surroundings transform into a mesmerizing blend of red, orange, and gold many Koreans find joy in taking strolls along picturesque roads. When it comes to "추석," the Korean Thanksgiving celebration, families gather together to pay tribute to their ancestors.

From December to February, the winter season invites moments of introspection. The chilly weather encourages Koreans to engage in activities that strengthen their connection with traditional practices. One such practice involves relishing soup dishes like "떡국" (rice cake soup) during "설날" (Lunar New Year) as a way to honor the passage of time and express hopes for good fortune in the coming year. On occasion, people adorn themselves with traditional attire known as "한복," adding an element of gracefulness to the winter landscape.

Translation

Part 2 표현 I - Expression I

Focus

The weather in Seoul is sunny today. It rained a little in the morning, but it is sunny now. The temperature is warmer than yesterday. Seoul is sunny, but Busan is cloudy. It's been raining a lot since this morning. Prepare an umbrella when you go to work.

Part 3 표현 II - Expression II

Focus

Kevin: What kind of house do you want to live in?

Natsuko: I want to live in a house with a garden. And I would like a house with a large living room and a pretty kitchen. What about you, Kevin?

Kevin: I want to live in a house with a big tree and a swimming pool.

Part 4 읽기와 쓰기 – Read and Write

Practice 1 읽기 – Reading

There are various means of transportation in Seoul. There are buses, subways, and taxis. Buses are slower than subways, but have various routes. The subway is similar in price to the bus, but you can travel far a little faster. Buses and subways in Seoul are safe and comfortable. Taxis are more expensive than subways and buses, but they are fast and comfortable transportation.

제6과

공원에 가서 산책할 거예요.
I'm Going to the Park for a Walk.

학습목표 Objectives

✓ How to talk about the reasons
✓ How to talk about the future plans
✓ How to talk about the ability to do something

Part 1 어휘 – Vocabulary

- 날씨와 계절 – Weather and Seasons
- 취미 – Hobby

Part 2 표현 I – Expression I

- V(으)니(까) – Connective Ending for Cause or Reason
- V아서/어서 – Connective Ending for Reason / Order of Actions
- V(으)ㄹ 거예요 – Future Tense for the Plan
- 빈도 부사 – Frequency Adverb

Part 3 표현 II – Expression II

- V(으)ㄹ 수 있다/없다 – Possible/Impossible to…
- 못V – Inability
- V지 못하다 – Cannot

Part 4 듣고 말하기 – Listen and Speak

- 취미에 대해 설명하는 대화를 듣고 이해하기 – Listen to a Conversation that Describes the Hobby
- 어떤 강좌를 들을지에 대해 이야기하기 – Talk About which Course to Take

Part 5 읽고 쓰기 – Read and Write

- 방학 계획에 대한 글을 읽고 이해하기 – Read a Vacation Plan
- 여행을 가서 할 일에 대해 쓰기 – Write about what to do on a trip

Part 6 복습하기 – Review and Check

Part 7 한국 문화 배우기 – Learn Korean Culture

PART 1 어휘 – Vocabulary

1. 날씨와 계절 – Weather and Seasons

녹음을 잘 듣고 아래에서 해당하는 단어를 찾아서 쓰세요.

Listen carefully to the audio, match each word, and write it.

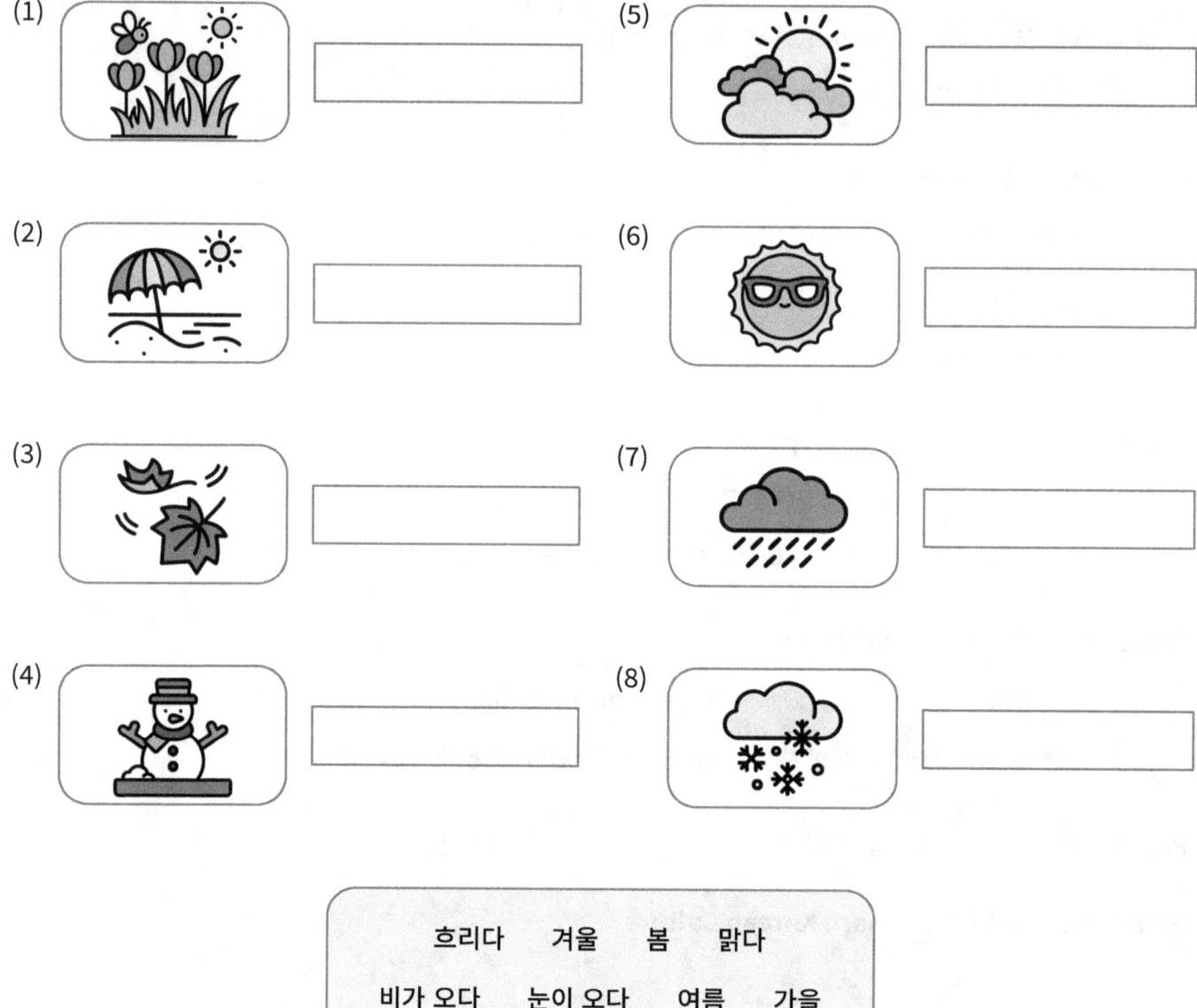

흐리다   겨울   봄   맑다
비가 오다   눈이 오다   여름   가을

2. 취미 – Hobby

녹음을 잘 듣고 아래에서 해당하는 단어를 찾아서 쓰세요.

Listen carefully to the audio, match each word, and write it.

(1)

(2)

(3)

(4)

(5)

(6)

(7)

(8)

책을 읽다 　　노래를 부르다

요리를 하다 　　여행을 하다

운동을 하다 　　사진을 찍다

악기를 연주하다 　　춤을 추다

PART 2 표현 I - Expression I

Focus

지은 씨와 성호 씨가 오늘 계획에 관해 이야기하고 있습니다. 잘 듣고 대화를 따라 해 보세요.

Jieun and Sungho are talking about today's plan. Listen and repeat the dialogue.

지은: 오늘은 하루 종일 비가 오네요. 비가 오니까 집에서 쉬고 싶어요. 피자를 시켜서 영화를 보면서 먹을까요?

성호: 그럴까요? 무슨 피자를 먹고 싶어요?

지은: 페퍼로니 피자 어때요?

성호: 좋아요. 세트 메뉴를 주문하면 탄산음료도 같이 올 거예요.

지은: 알겠어요. 그런데 저는 요즘 탄산음료를 너무 자주 마셔서 오늘은 안 마실 거예요.

Expression

1. V(으)니(까) (Connective Ending for Cause or Reason)

V(으)니(까) is a connective ending that can be used to emphasize that the preceding statement is the cause, reason, or premise for the following statement. It indicates that the previous section is the reason, cause, or basis for judgment of the latter section. It is used when the result or judgment is made in the later section due to the reasons or causes shown in the previous section. It also indicates that the content of the previous section is a direct reason for the suggestion or command of the latter section.

Attach 니(까) if the verb stem ends in a vowel, and attach 으니(까) if the verb stem ends in a consonant. You can use 니 or 으니, omitting 까.

Example:

비가 **오니까** 우산을 가져가세요. (= Take an umbrella because it's raining.)

오늘은 **바쁘니까** 내일 이야기해요. (= I'm busy today, so let's talk tomorrow.)

오늘은 일찍 **일어났으니까** 일찍 졸릴 거예요. (= I woke up early today, so I'll be sleepy early.)

2. V아서/어서 (Connective Ending for Reason / Order of Actions)

When this ending is attached to a **verb**, it indicates that the preceding event and the following one happened sequentially. You can use this to indicate that the preceding content occurs first and the following content occurs later.

Note: The previous and the latter clauses should be closely related to each other. Independent actions such as "cooking" and "going to school" cannot be linked by using this ending.

Example:

사과를 **씻어서** 먹었어요. (= I washed the apple and ate it.)

저는 매일 아침 카페에 **가서** 커피를 사요. (= I go to a cafe every morning and buy coffee.)

사진을 **찍어서** 친구에게 보낼 거예요. (= I will take a picture and send it to my friend.)

When this ending is attached to an **adjective or a verb**, it indicates that the preceding content is the reason or cause of the following content. It is used to talk about the reason of a condition or why something happened.

Note: No request or command phrase can come to the latter section.

Example:

배가 **불러서** 이제 그만 먹을래요. (= I'm going to stop eating because I'm full.)

눈이 **와서** 눈사람을 만들었어요. (= I made a snowman because it snowed.)

어제 하루 종일 일을 **해서** 너무 피곤해요. (= I'm so tired because I worked all day yesterday.)

그 사람은 **잘생겨서** 인기가 많아요. (= That person is popular because he is handsome.)

영화가 너무 **슬퍼서** 울었어요. (= I cried because the movie was so sad.)

Attach 아서 if the verb stem ends in a vowel ㅏ or ㅗ, and attach 어서 if the verb stem ends in a vowel that is not ㅏ or ㅗ. For 하다 verbs, attach 해서.

3. V(으)ㄹ 거예요 (Future Tense for the Plan / Supposition)

This expression can be used to indicate the speaker's intention to do something in the future. It also can indicate a future event or plans that will happen. And, it can also be used as a indication of the speaker's assumptions based on knowledge, information, and experience.

Attach ㄹ 거예요 if the verb stem ends in a vowel, and attach 을 거예요 if the verb stem ends in a consonant.

Example:

다음 달에 일본으로 여행을 **갈 거예요**. (= I'm going to travel to Japan next month.)

오늘 저녁에는 집에서 영화를 보면서 타코를 **먹을 거예요**.
(= I'm going to eat tacos while watching a movie at home tonight.)

나츠코 씨는 오늘 아파서 학교에 **안 올 거예요**.
(= Natsuko will not come to school today because she is sick.)

루시 씨가 아마 곧 **도착할 거예요**. (= Lucy will probably arrive soon.)

4. 빈도 부사 – Frequency Adverb

These adverbs are known as "빈도 부사" They express how often an action occurs, adding layers of meaning to the conversations.

항상 / 언제나	always	거의	almost
보통	normally, usually	매주	every week
자주	often	매일	every day
종종 / 때때로 / 가끔	occasionally	주말마다	every weekend
좀처럼 / 거의 안	rarely	매달	every month
전혀 / 결코	never	매년	every year

Practice 1 말하기 – Speaking

아래의 사진을 보고 <보기>와 같이 "V아/어서 V(으)ㄹ 거예요"를 사용하여 말해보세요.

Look at the picture below and change the sentence using "V아/어서 V(으)ㄹ 거예요."

Practice 2 문법 – Grammar

1. 다음 동사들을 "Verb(으)니까" 형태로 바꾸어 보세요. Change the following verbs into the "Verb(으)니까" form.

기본형(Basic form)	(Verb)(으)니까
가다	
일하다	
보다	
입다	
공부하다	
배우다	
오다	
청소하다	
던지다	
웃다	
줍다	
느리다	
작다	
넓다	
크다	
많다	
비싸다	

2. 다음 동사들을 "Verb아/어서" 형태로 바꾸어 보세요.

Change the following verbs into the "Verb아/어서" form.

기본형(Basic form)	(Verb)아/어서
가다	
일하다	
보다	
입다	
공부하다	
배우다	
오다	
청소하다	
던지다	
웃다	
좁다	
느리다	
작다	
넓다	
크다	
많다	
비싸다	

3. 다음 동사들을 "Verb(으)ㄹ 거예요" 형태로 바꾸어 보세요.

Change the following verbs into the "Verb(으)ㄹ 거예요" form.

기본형(Basic form)	(Verb)(으)ㄹ 거예요
가다	
일하다	
보다	
입다	
공부하다	
배우다	
오다	
청소하다	
던지다	
웃다	
줍다	
느리다	
작다	
넓다	
크다	
많다	
비싸다	

PART 3 표현 II - Expression II

Focus

제임스와 루시가 수영에 대해 이야기하고 있습니다. 잘 듣고 대화를 따라 해 보세요.

James and Lucy are talking about swimming. Listen and repeat the dialogue.

루시: 주말에 보통 뭘 해요?

제임스: 저는 수영을 좋아해서 주말마다 항상 수영장에 가요. 루시 씨는 수영을 좋아해요?

루시: 아니요. 저는 수영을 못해요. 물이 무서워요.

제임스: 원한다면 제가 수영을 가르쳐 줄 수 있어요. 이번 주말에 수영장에 같이 갈래요?

루시: 정말요? 저도 수영을 배우고 싶어요. 그런데 물에 들어가는 게 무서워요.

제임스: 걱정하지 마세요. 저도 처음에는 수영을 잘하지 못했어요. 자주 연습하면 잘하게 될 거예요.

Expression

1. V(으)ㄹ 수 있다/없다 (Possible/Impossible to…)

This is an expression used to indicate that the act or state mentioned in the preceding statement is possible or impossible.

Attach ㄹ 수 있다/없다 if the verb stem ends in a vowel, and attach 을 수 있다/없다 if the verb stem ends in a consonant.

Example:

저는 수영을 **할 수 있어요**. (= I can swim.)

케빈 씨는 매운 음식을 **먹을 수 있어요**. (= Kevin can eat spicy food.)

머리가 너무 아파서 잠을 **잘 수 없어요**. (= My head hurts so much that I can't sleep.)

이 신발은 너무 커서 제가 **신을 수 없어요**. (= These shoes are too big for me to put on.)

2. 못V (Inability)

This word negates the action represented by the verb, to express inability.

Example:

저는 영어를 **못해요**. (= I don't speak English.)

지은 씨는 매운 음식을 **못 먹어요**. (= Jieun can't eat spicy food.)

오늘은 아침을 **못 먹었어요**. (= I couldn't have breakfast today.)

3. V지 못하다 (Cannot)

It indicates that you are in a situation where it's impossible to do an action, or you are incapable of doing something.

Example:

지호 씨는 다리를 다쳐서 **걷지 못해요**. (= Jiho can't walk because he hurt his leg.)

피자 한 판을 다 먹으면 배가 불러서 케이크는 **먹지 못할 거예요**.
(= I won't be able to eat a cake because I'll be full if I finish a whole pizza.)

저는 술을 **마시지 못해요**. (= I can't drink alcohol.)

커피를 많이 마셔서 잠을 **자지 못하고 있어요**.
(= I haven't been able to sleep because I drank a lot of coffee.)

Practice 1 말하기 – Speaking

아래의 사진을 보고 <보기>와 같이 "-(으)ㄹ 수 있다"를 사용하여 말해보세요.

Look at the picture below and describe the picture using "-(으)ㄹ 수 있다."

<보기>  → **발레를 할 수 있어요.**

(1) _____

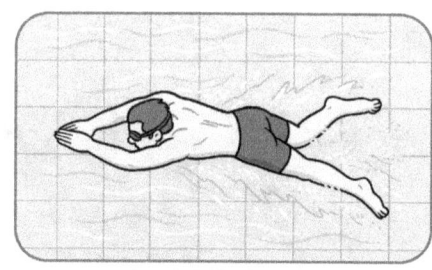

(2) _____

(3) _____

Practice 2 문법 – Grammar

1. 다음 동사들을 "Verb(으)ㄹ 수 없어요" 형태로 바꾸어 보세요.

Change the following verbs into the "Verb (으)ㄹ 수 없어요" form.

기본형(Basic form)	(Verb)(으)ㄹ 수 없어요
가다	
일하다	
보다	
입다	
공부하다	
배우다	
오다	
청소하다	
던지다	
웃다	
줍다	

2. 다음 동사들을 "Verb지 못해요" 형태로 바꾸어 보세요.

Change the following verbs into the "Verb 지 못해요" form.

기본형(Basic form)	(Verb)지 못해요
가다	
일하다	
보다	
입다	
배우다	
오다	
던지다	
웃다	
줍다	

PART 4 듣기와 말하기 – Listen and Speak

Practice 1 듣기 – Listening

 윤주 씨가 자신의 취미에 대해 이야기하고 있습니다. 대화를 잘 듣고 물음에 답하세요. 대화는 두 번 들려 드립니다.

Yoonju is talking about her hobby. Listen carefully to the dialogue and answer the questions. The dialogue will be played twice.

1. 윤주 씨는 얼마나 자주 피아노를 연습해요?

How often does Yoonju practice piano?

① 거의 매주

② 거의 매일

③ 거의 매달

2. 윤주 씨는 피아노를 잘 쳐요?

Is Yoonju good at playing piano?

① 아직 잘 치지는 못해요.

② 굉장히 잘 칠 수 있어요.

③ 아주 못 쳐요.

Practice 2 말하기 – Speaking

여러분은 새로운 것을 배우기 위해 강좌에 등록하려고 합니다. 여러분이 무엇을 잘 못하는지 생각하면서 어떤 수업을 들을 것인지에 관해 이야기해 보세요.

You are going to register for a course to learn something new. Talk about which course you will take while thinking about what you are not good at.

문화프로그램
생활문화센터

바리스타
- ✓ 주 2회 화, 목요일 10:00~12:00 12회
- ✓ 수강료 : 200,000원
- ✓ 재료비 120,000원
- ✓ 생활문화센터 1층 공동주방

피아노 레슨
- ✓ 화, 목, 금, 토요일
- ✓ 주 1회 5만원, 주 2회 8만원, 주 3회 12만원
- ✓ 생활문화센터 1층 방음연습실2

요가
- ✓ 화요일 14:00~14:50
- ✓ 목요일 15:30~16:20 (주 2회)
- ✓ 수강료 : 1개월 30,000원
- ✓ 생활문화센터 1층 댄스연습실

한국전통민속춤
- ✓ 금요일 14:00~17:00
- ✓ 수강료 : 1개월 35,000원
- ✓ 생활문화센터 1층 댄스연습실

줌바댄스
- ✓ 화/목 19:30~20:30 (주 2회)
- ✓ 수강료 : 1개월 70,000원
- ✓ 생활문화센터 1층 댄스연습실

PART 5 읽기와 쓰기 – Read and Write

Practice 1 읽기 – Reading

다음은 방학에 할 일에 대한 글입니다. 잘 읽고 질문에 답하세요.

The following is a plan for a vacation. Read the conversation and answer the following questions.

> 이번 방학에는 가족과 함께 제주도에 사시는 고모 댁에 놀러 갈 거예요. 고모 댁은 바다 바로 옆에 있어서 언제든지 바다에 갈 수 있어요. 제주도는 보통 날씨가 더우니까 매일 바다에 가서 놀 거예요. 저는 수영은 잘하지 못하지만 바다가 깊지 않아서 괜찮아요. 그리고 고모 댁에 있는 강아지와 함께 매일 산책할 거예요. 저는 보통은 아침에 일찍 못 일어나요. 하지만 고모 댁의 강아지가 매일 아침 일찍 산책해야 하니까 저도 그 시간에 일어날 거예요. 이번 방학이 정말 기대돼요!

1. 이 사람은 왜 바다에 매일 갈 거예요?

Why is this person going to the beach every day?

① 바다가 깊어서

② 날씨가 보통 더워서

③ 강아지가 있어서

④ 아침에 일찍 일어나서

2. 왜 아침에 일찍 일어날 거예요?

Why is this person going to wake up early?

Answer: _____

Practice 2 쓰기 – Writing

다음 달에 친구와 한국으로 여행을 가기로 했어요. 한국에서 무엇을 할 것인지 계획을 써 보세요.

You are going to travel to Korea with a friend next month. Write a plan for what to do in Korea.

PART 6 복습하기 – Review and Check

1. 다음 중 알고 있는 단어나 표현에 표시하세요.

Check the words or expressions you know.

- ☐ 봄
- ☐ 여름
- ☐ 가을
- ☐ 겨울
- ☐ 책을 읽다
- ☐ 요리한다

- ☐ 춤을 추다
- ☐ 노래를 부르다
- ☐ 사진을 찍다
- ☐ 악기를 연주하다
- ☐ 보통
- ☐ 자주

- ☐ 비가 오니까 쉬고 싶어요
- ☐ 일찍 일어나서 조깅해요
- ☐ 내일 친구를 만날 거예요
- ☐ 한국어를 할 수 있어요
- ☐ 매운 음식을 못 먹어요
- ☐ 너무 작아서 입지 못해요

2. 주어진 단어를 가지고 <보기>와 같이 "V아/어서... V(으)ㄹ거예요"를 사용하여 말해보세요.

Make "V아/어서... V(으)ㄹ거예요" sentences using the given vocabulary.

<보기>

너무 맛있다 / 또 가다

→ 너무 **맛있어서** 또 **갈 거예요**.

---

(1) 샌드위치를 사다 / 공원에서 먹다

_____

(2) 옷이 싸고 예쁘다 / 사다

_____

Korean Made Easy Level 2 | Lesson 6

(3) 여행을 가다 / 기념품을 사다

_____

(4) 도서관에서 책을 빌리다 / 읽다

_____

(5) 일찍 일어나다 / 운동을 하다

_____

(6) 비가 오다 / 집에서 쉬다

_____

3. 주어진 문장을 "(으)ㄹ 수 있어요"을 사용한 문장으로 만들어 보세요.

Change the given sentence into a sentence using "(으)ㄹ 수 있어요.".

<보기>

요리를 하다

→ 요리를 **할 수 있어요**.

(1) 수영을 해요. _____

(2) 글을 써요. _____

(3) 혼자서 신발을 신어요. _____

(4) 자전거를 타요. _____

(5) 커피를 마셔요. _____

4. 주어진 문장을 "못 Verb"을 사용한 문장으로 만들어 보세요.

Change the given sentence into a sentence using "못 Verb."

<보기>

요리를 할 수 있어요. → 요리를 **못 해요**.

(1) 노래를 할 수 있어요.　　　　_____

(2) 오토바이를 탈 수 있어요.　　_____

(3) 매운 음식을 먹을 수 있어요.　_____

(4) 춤을 출 수 있어요.　　　　　_____

(5) 수영을 할 수 있어요.　　　　_____

5. 주어진 문장을 "-지 못해요"을 사용한 문장으로 만들어 보세요.

Change the given sentence into a sentence using "-지 못해요."

<보기>

요리를 할 수 있어요. → 요리를 **하지 못해요**.

(1) 노래를 할 수 있어요.　　　　_____

(2) 오토바이를 탈 수 있어요.　　_____

(3) 매운 음식을 먹을 수 있어요.　_____

(4) 춤을 출 수 있어요.　　　　　_____

(5) 수영을 할 수 있어요.　　　　_____

6. 다음 글을 읽고 맞으면 T, 틀리면 F에 표시하세요.

Read the following and mark T if correct and F if wrong.

> 어제는 눈이 많이 왔습니다. 집 앞에 눈이 많이 쌓여서 눈썰매도 탈 수 있었어요. 눈이 많이 오니까 어제는 학교도 쉬었어요. 도로에 버스가 다니지 못했거든요. 친구들을 못 만나니까 슬펐지만, 집에서 쉴 수 있어서 좋았어요. 내일도 가족과 함께 집에서 시간을 보낼 거예요.

( ) (1) 눈이 와서 많이 쌓였습니다.

( ) (2) 어제 학교에 갔습니다.

( ) (3) 어제 버스는 잘 다녔습니다.

( ) (4) 내일도 집에 있을 거예요.

7. 다음을 잘 듣고 질문에 답하세요.

Listen carefully to the following and answer the questions.

(1) 남자는 태국에서 무엇을 먹고 싶어 하나요?

What does the man want to eat in Thailand?

Answer: _____

(2) 여자는 남자에게 무엇을 부탁하고 있나요?

What is the woman asking the man to do?

Answer: _____

PART 7 한국 문화 배우기 – Learn Korean Culture

Personal behavior is a significant aspect of Korean culture. It's deeply ingrained in society and acts as an unwritten code that shapes how people behave and respond. When it comes to receiving compliments, showing humility is highly valued. This act of modesty may seem subtle. It truly reflects Korean's profound respect for humility, their dedication to fostering harmonious relationships, and their belief in the importance of collective achievements.

In Korea it's common for people to downplay or reject compliments that they receive. Responding with modesty isn't about good manners; it also demonstrates genuine humility rooted in Confucian ethics and cultural traditions. By avoiding praise, Koreans aim to prevent any sense of superiority over others and instead promote unity and a shared sense of accomplishment.

Koreans view personal behavior regarding personal achievements as evidence of their emphasis on persistence, diligence, and teamwork. They often attribute factors such as luck, opportunities, or support from others to their educational accomplishments, professional success, or creative endeavors. They acknowledge the role played by factors like people's wealth or assistance in achieving success. The idea that working together with guidance from teachers, mentors, family members, and colleagues leads to success is strongly emphasized.

Accepting compliments with humility highlights how Korean culture values modesty as a virtue. Based on the principles of Confucianism, humility plays a role in cultivating a virtuous personality. It reflects an individual's understanding of the value of modesty and their ability to avoid being consumed by pride. Prioritizing one's character, over achievements promotes a sense of equilibrium and modesty even when accolades are received for accomplishments.

Translation

Part 2 표현 I - Expression I

Focus

Jieun: It's been raining all day. I want to rest at home because it's raining. Shall we order a pizza and eat it while watching a movie?

Sungho: Why not? What kind of pizza do you want?

Jieun: How about a pepperoni pizza?

Sungho: Sounds good. If we order a combo menu, soda will come with it.

Jieun: Ok. But I drank soda so often these days that I'm not going to drink it today.

Part 3 표현 II - Expression II

Focus

Lucy: What do you usually do on weekends?

James: I like swimming, so I always go to the swimming pool every weekend. Do you like swimming?

Lucy: No. I can't swim. I'm scared of water.

James: I can teach you how to swim if you want. Would you like to go to the swimming pool with me this weekend?

Lucy: Really? I want to learn swimming, too. But I'm scared of going into the water.

James: Don't worry. I wasn't good at swimming at first either. If you practice often, you'll become good at it.

Part 4 읽기와 쓰기 – Read and Write

Practice 1 읽기 – Reading

I will go to my aunt's house on Jeju Island with my family during this vacation. My aunt's house is right next to the beach, so I can go to the beach any time. Jeju is usually hot, so I will go to the beach and have fun every day. I'm not good at swimming, but it's okay because the sea is not deep. And I will walk my aunt's dog every day. I usually don't get up early in the morning. But my aunt's dog has to take a walk early every morning, so I'll get up at that time, too. I'm really looking forward to going on this vacation.

CONCLUSION AND RECOMMENDATIONS

Congratulations on finishing this Korean language course designed specifically for A2-B1 level learners. It's impressive how far you've come since the beginning and your commitment to learning and personal growth is truly commendable. You've gained insights into Korean culture, expanded your vocabulary, and developed a solid grasp of grammar. The exercises and activities in which you've diligently participated have transformed knowledge into practical skills.

Language learning is a journey that lasts a lifetime and completing this book signifies an important milestone along that path. While you have covered an amount of material, remember that languages are dynamic and continuously evolving. Keep immersing yourself in media, engaging in conversations and exploring new topics related to the language. Each interaction with the language will further deepen your understanding and enhance your proficiency.

If you want to reinforce your knowledge, it would be beneficial to revisit this book from the beginning. Here are some suggestions that might help you refresh your memory.

    1. Each unit's VOCABULARY section contains illustrations depicting the new words. You can go through this section. Use the illustrations as flashcards to aid in recalling the words you've learned.

    2. The FOCUS section of each unit provides curated expressions and speech patterns for practical usage. Toward the end of every unit you'll find translations of dialogues in this section. You can try translating these dialogues from English into Korean and compare your expressions with those provided in the Focus section. This segment is packed with phrases that native Korean speakers commonly use in their lives, so reviewing it should suffice for summarizing what you've learned.

    3. The section called LISTEN AND SPEAK aims to assist you in practicing the speech patterns you have learned by providing ample examples. This section is suitable for both self-learning and classroom environments. By exposing yourself to real-life situations you will better recall these expressions.

    4. In the READ AND WRITE section you will find activities that you can immediately apply in your daily life. You might be pleasantly surprised by how you can express yourself in Korean using what you've learned from this book.

5. REVIEW AND CHECK section takes an important role as well. It's not only about finding the correct answers and moving on; take the time to go through all the expressions used, as it can serve as valuable practice for you!

6. In the LEARN KOREAN CULTURE section you can explore aspects of Korean culture. It's essential to understand the culture to maintain your interest in learning the language. Without this understanding, your progress in Korean may reach a plateau. This textbook has been designed to incorporate cultural elements into classroom instruction. Visual aids such as photographs are used to convey information and you also have opportunities to share your own experiences, which helps enhance your language skills.

We hope that your language learning journey brings you nothing but the best. May your passion for learning and your commitment to embracing experiences lead you to reach higher levels of linguistic mastery. Here's to the adventures that await as you continue your language learning endeavors!

ANSWER KEY

LESSON 1

Part 1 (어휘 – Vocabulary)

1.

(1) 할아버지

(2) 할머니

(3) 아버지

(4) 어머니

(5) 형

(6) 오빠

(7) 누나

(8) 언니

(9) 남동생

(10) 여동생

2.

(1) 요리를 하다

(2) 달리기를 하다

(3) 글을 쓰다

(4) 공부를 하다

(5) 피아노를 치다

(6) 수영을 하다

(7) 그림을 그리다

(8) 노래를 부르다

(9) 춤을 추다

(10) 사진을 찍다

Part 2 (표현 I - Expression I)

Practice 1 (말하기 – Speaking)

우리 가족은 **일곱** 명이에요. **할아버지, 할머니,** 나, **어머니,** 아버지, 그리고 **여동생, 남동생**이 있어요. 그리고 강아지도 있어요. 제 **여동생**은 원피스를 입었어요. **할아버지**는 어머니 옆에 계십니다.

Practice 2 (문법 – Grammar)

기본형(Basic form)	(Verb)ㅂ니다/습니다
가다	갑니다
일하다	일합니다
먹다	먹습니다
마시다	마십니다
보다	봅니다
입다	입습니다
자다	잡니다
공부하다	공부합니다
배우다	배웁니다
오다	옵니다
청소하다	청소합니다
던지다	던집니다
웃다	웃습니다
줍다	줍습니다

Part 3 (표현 II - Expression II)

Practice 2 (문법 – Grammar)

1.

(1) F (3) F (5) T (7) T (9) T

(2) T (4) T (6) T (8) F (10) F

2.

(1) 루시 씨는 춤을 잘 춰요.

(2) 저는 수영을 잘해요.

(3) 선생님께서 글을 잘 쓰십니다.

Part 4 (듣기와 말하기 – Listen and Speak)

Practice 1 (듣기 – Listening)

1. ②

2. ③

Part 5 (읽기와 쓰기 – Read and Write)

Practice 1 (읽기 – Reading)

1. ②

2. (1) F   (2) T   (3) T   (4) F

Part 6 (복습하기 – Review and Check)

2.

(1) 저는 학교에 갑니다.

(2) 동생이 우유를 마십니다.

(3) 영화를 봅니다.

(4) 도서관에서 책을 읽었습니다.

(5) 원피스를 입었습니다.

(6) 매일 밤 10시에 잡니다.

(7) 우리는 한국어를 공부합니다.

(8) 태권도를 배웁니다.

(9) 저는 다리가 깁니다.

(10) 오늘은 날씨가 따뜻합니다.

3.

(1) 아버지께서 집에 오십니다.

(2) 한국어를 가르치십니다.

(3) 사장님께서 웃으세요.

(4) 저희 어머니는 달리기를 잘하세요.

(5) 할머니께서 노래를 부르십니다.

(6) 선생님께서 옷을 입으십니다.

4.

(1) 제 남동생은 <u>요리를 잘해요</u>.

(2) 이것은 <u>제임스 씨의</u> 책입니다.

(3) 아니요, 어제 선생님께서 학교에 안 <u>오셨어요</u>.

(4) 저희 아버지는 <u>사진작가이십니다</u>.

(5) 네, 저희 어머니는 <u>노래를 잘 부르십니다</u>.

5.

(1) ②   (2) ①

6.

사십니다 / 제 / 무엇을 잘해요? / 잘 만들어요.

7.

(1) 오늘은 비가 옵니다.

(2) 할아버지께서 우산을 쓰셨어요.

(3) 저는 수영을 잘합니다.

(4) 어제 오빠와 영화를 봤습니다.

(5) 저희 아버지는 소방관이세요.

(6) 제 남동생은 그림을 잘 그립니다.

(7) 그 선생님은 영어를 가르치십니다.

(8) 저희 할머니께서는 요리를 잘하세요.

LESSON 2

Part 1 (어휘 – Vocabulary)

1.

(1) 걷다

(2) 자다

(3) 놀다

(4) 보다

(5) 먹다

(6) 공부하다

(7) 만나다

(8) 읽다

(9) 노래하다

(10) 일하다

2.

(1) 노래방

(2) 카페

(3) 놀이터

(4) 회사

(5) 영화관

(6) 공원

(7) 식당

(8) 도서관

(9) 집

(10) 학교

Part 2 (표현 I - Expression I)

Practice 1 (말하기 – Speaking)

(These are sample answers. You are free to answer them differently.)

(1) 자동차가 크고 예뻐요.

(2) 남자가 커피를 마시고 여자가 주스를 마셔요.

(3) 남자가 키가 크고 운동을 잘해요.

Practice 2 (문법 – Grammar)

기본형(Basic form)	(Verb)고 있어요
가다	가고 있어요
일하다	일하고 있어요
먹다	먹고 있어요
마시다	마시고 있어요
보다	보고 있어요
입다	입고 있어요
자다	자고 있어요
공부하다	공부하고 있어요
배우다	배우고 있어요
오다	오고 있어요
청소하다	청소하고 있어요
던지다	던지고 있어요
웃다	웃고 있어요
줍다	줍고 있어요

Part 3 (표현 I - Expression I)

Practice 1 (말하기 – Speaking)

(These are sample answers. You are free to answer them differently.)

(1) 책을 읽은 후에 글을 씁니다.

(2) 파티를 한 후에 청소를 합니다.

(3) 옷을 입은 후에 신발을 신습니다.

Practice 2 (문법 – Grammar)

1.

기본형(Basic form)	(Verb)기 전에
가다	가기 전에
일하다	일하기 전에
먹다	먹기 전에
마시다	마시기 전에
보다	보기 전에
입다	입기 전에
자다	자기 전에
공부하다	공부하기 전에
배우다	배우기 전에
오다	오기 전에
청소하다	청소하기 전에
던지다	던지기 전에
웃다	웃기 전에
줍다	줍기 전에

2.

기본형(Basic form)	(Verb)은 후에
가다	간 후에
일하다	일한 후에
먹다	먹은 후에
마시다	마신 후에
보다	본 후에
입다	입은 후에
자다	잔 후에
공부하다	공부한 후에
배우다	배운 후에
오다	온 후에
청소하다	청소한 후에
던지다	던진 후에
웃다	웃은 후에
줍다	주운 후에

Part 4 (듣기와 말하기 – Listen and Speak)

Practice 1 (듣기 – Listening)

1. ②   2. ④

Part 5 (읽기와 쓰기 – Read and Write)

Practice 1 (읽기 – Reading)

1. ④   2. 15분쯤

Part 6 (복습하기 – Review and Check)

2.

(1) 물을 마시고 있어요.

(2) 강아지가 잠을 자고 있어요.

(3) 공항에서 비행기를 타고 있어요.

(4) 비빔밥을 먹고 있어요.

(5) 공원을 달리고 있어요.

(6) 강아지와 산책하고 있어요.

(7) 수영을 하고 있어요.

(8) 도서관에서 책을 읽고 있어요.

(9) 옷을 사고 있어요.

(10) 한국어를 공부하고 있어요.

3.

(1) 저는 착하고 재미있어요.

(2) 교실이 넓고 깨끗해요.

(3) 저는 한국어를 배우고 윤주 씨는 스페인어를 배워요.

(4) 주스는 차갑고 커피는 뜨거워요.

(5) 언니는 대학생이고 남동생은 중학생이에요.

(6) 이 노트북은 비싸고 무거워요.

4.

(1) 집에서 회사까지 1시간쯤 걸려요.
(2) 시청에서 병원까지 15분 정도 걸려요.
(3) 지은 씨 집에서 윤주 씨 집까지 10분 정도 걸려요.
(4) 영화관에서 노래방까지 20분쯤 걸려요.

5.

(1) 집에 가기 전에 운동을 했어요.
(2) 책을 읽기 전에 영화를 봤어요.
(3) 요리를 하기 전에 시장에 갔어요.
(4) 선물을 사기 전에 꽃을 샀어요.
(5) 커피를 마시기 전에 빵을 먹었어요.

6.

(1) 옷을 산 후에 커피를 마셨어요.
(2) 모자를 벗은 후에 머리를 감았어요.
(3) 친구를 만난 후에 도서관에 갔어요.
(4) 병원에 간 후에 약국에 갔어요.
(5) 밥을 먹은 후에 이를 닦았어요.
(6) 운동을 한 후에 샤워했어요.
(7) 노래를 부른 후에 춤을 췄어요.
(8) 옷을 입은 후에 밖에 나갔어요.
(9) 공부한 후에 시험을 쳤어요.
(10) 의자에 앉은 후에 글을 썼어요.

7. (1) T (2) F (3) F (4) T

8.

(1) 저는 매일 집에서 회사까지 걷습니다.
(2) 윤주 씨는 한국 사람이고 대학생이에요.
(3) 저는 수영을 잘하고 제 동생은 농구를 잘합니다.
(4) 제가 그 책을 읽고 있어요.
(5) 병원에서 집까지 40분 정도 걸려요.
(6) 이 집은 넓고 방이 많습니다.
(7) 우리는 노래를 부르고 춤을 췄어요.
(8) 사람들이 해변에서 요가 하고 있습니다.
(9) 회사에 가기 전에 운동을 했어요.
(10) 선물을 산 후에 편지를 썼어요.

LESSON 3

Part 1 (어휘 – Vocabulary)

1.

(1) 년   (5) 호
(2) 분   (6) 월
(3) 일   (7) 층
(4) 원   (8) 달러

2.

(1) 일   (6) 육
(2) 이   (7) 칠
(3) 삼   (8) 팔
(4) 사   (9) 구
(5) 오   (10) 십

Part 2 (표현 I - Expression I)

Practice 1 (말하기 – Speaking)

(1) 일오공-구오사-칠사육이

(2) 삼천 원

(3) 이 월 십육 일

(4) 육백팔

Practice 2 (문법 – Grammar)

기본형(Basic form)	(Verb)(으)십시오
가다	가십시오
일하다	일하십시오
보다	보십시오
입다	입으십시오
공부하다	공부하십시오
배우다	배우십시오
오다	오십시오
청소하다	청소하십시오
던지다	던지십시오
웃다	웃으십시오
줍다	주우십시오

Part 3 (표현 II - Expression II)

Practice 1 (말하기 – Speaking)

(1) 바지를 입으려고 해요.

(2) 우유를 마시려고 해요.

(3) 운동을 하려고 해요.

Practice 2 (문법 – Grammar)

1.

기본형(Basic form)	(Verb)(으)려고 해요
가다	가려고 해요
일하다	일하려고 해요
보다	보려고 해요
입다	입으려고 해요
공부하다	공부하려고 해요
배우다	배우려고 해요
오다	오려고 해요
청소하다	청소하려고 해요
던지다	던지려고 해요
웃다	웃으려고 해요
줍다	주우려고 해요

2.

기본형(Basic form)	(Verb)아/어 보세요
가다	가 보세요
먹다	먹어 보세요
마시다	마셔 보세요
입다	입어 보세요
듣다	들어 보세요
배우다	배워 보세요
오다	와 보세요
운동하다	운동해 보세요
던지다	던져 보세요
웃다	웃어 보세요
잡다	잡아 보세요

Part 4 (듣기와 말하기 – Listen and Speak)

Practice 1 (듣기 – Listening)

1. ①   2. ②

Part 5 (읽기와 쓰기 – Read and Write)

Practice 1 (읽기 – Reading)

1. ③

2. 일이삼 사오육 칠팔구공

Part 6 (복습하기 – Review and Check)

2.

(1) 여기에 앉으십시오.

(2) 저쪽으로 가십시오.

(3) 줄을 서십시오.

(4) 손잡이를 잡으십시오.

(5) 3시까지 오십시오.

(6) 일찍 일어나십시오.

(7) 매일 운동하십시오.

(8) 자주 웃으십시오.

(9) 조심하십시오.

(10) 그 책을 주십시오.

3.

(1) 공일공 사육이칠 구팔일삼

(2) 이백팔십사 권

(3) 만 팔천오백 원

(4) 십구 층

(5) 삼백일 호

(6) 십이 월 육 일

(7) 백오십이만 사천구백 원

(8) 구천사십칠 번 버스

4.

(1) 물을 마시려고 해요.

(2) 바이올린을 연습하려고 해요.

(3) 춤을 추려고 해요.

(4) 피자를 먹으려고 해요.

(5) 다이어트를 하려고 해요.

(6) 책을 읽으려고 해요.

(7) 영화를 보려고 해요.

(8) 글을 쓰려고 해요.

(9) 병원에 가려고 해요.

(10) 시험을 치려고 해요.

5.

(1) 입을 벌려 보세요.

(2) 여기에 앉아 보세요.

(3) 신발을 신어 보세요.

(4) 일찍 일어나 보세요.

(5) 공부를 열심히 해 보세요.

(6) 정답을 확인해 보세요.

(7) 책을 읽어 보세요.

(8) 사진을 찍어 보세요.

(9) 제주도에 가 보세요.

(10) 산에 올라가 보세요.

6.

(1) 서울에 가 봤어요.

(2) 한국 음식을 먹어 봤어요.

(3) 테니스를 쳐 봤어요.

(4) 아파트에서 살아 봤어요.

(5) 수영을 배워 봤어요.

(6) 한복을 입어 봤어요.

(7) 그 노래를 들어 봤어요.

(8) 지하철을 타 봤어요.

(9) 혼자서 여행해 봤어요.

(10) 김밥을 만들어 봤어요.

7. (1) T (2) F (3) F (4) T

8.

(1) 2,459,000원 (=이백사십오만 구천 원)

(2) 오후 5시 45분 (=오후 다섯 시 사십오분)

LESSON 4

Part 1 (어휘 – Vocabulary)

1.

(1) 밤   (5) 저녁
(2) 시   (6) 요일
(3) 오늘   (7) 아침
(4) 점심   (8) 날짜

2.

(1) 쇼핑몰   (4) 학교 정문
(2) 식당   (5) 영화관
(3) 버스정류장   (6) 지하철역 출구

Part 2 (표현 I - Expression I)

Practice 1 (말하기 – Speaking)

(1) 같이 노래할까요?

(2) 같이 여행을 떠날까요?

(3) 같이 저녁을 먹을까요?

(4) 카페에서 만날까요?

Practice 2 (문법 – Grammar)

기본형(Basic form)	(Verb)(으)ㄹ까요
가다	갈까요
일하다	일할까요
보다	볼까요
입다	입을까요
공부하다	공부할까요
배우다	배울까요
오다	올까요
청소하다	청소할까요
던지다	던질까요
웃다	웃을까요
줍다	주울까요

2.

기본형(Basic form)	(Verb)(으)ㅂ시다
가다	갑시다
일하다	일합시다
보다	봅시다
입다	입읍시다
공부하다	공부합시다
배우다	배웁시다
오다	옵시다
청소하다	청소합시다
던지다	던집시다
웃다	웃읍시다
줍다	주웁시다

Part 3 (표현 II - Expression II)

Practice 1 (말하기 – Speaking)

(1) 물을 마셔야겠어요.

(2) 잠을 자야겠어요.

(3) 자전거를 타야겠어요.

(4) 의자에 앉아야겠어요.

Practice 2 (문법 – Grammar)

1.

기본형(Basic form)	(Verb) 아/어야겠어요
가다	가야겠어요
일하다	일해야겠어요
보다	봐야겠어요
입다	입어야겠어요
공부하다	공부해야겠어요
배우다	배워야겠어요
오다	와야겠어요
청소하다	청소해야겠어요
던지다	던져야겠어요
웃다	웃어야겠어요
줍다	주워야겠어요

2.

기본형(Basic form)	(Verb) 거든요
가다	가거든요
일하다	일하거든요
보다	보거든요
입다	입거든요
공부하다	공부하거든요
배우다	배우거든요
오다	오거든요
청소하다	청소하거든요
던지다	던지거든요
웃다	웃거든요
줍다	줍거든요

Part 4 (듣기와 말하기 – Listen and Speak)

Practice 1 (듣기 – Listening)

1. ③

2. ①

Part 5 (읽기와 쓰기 – Read and Write)

Practice 1 (읽기 – Reading)

1. ④

2. 다음 주 월요일에 시험이 있어요.

Part 6 (복습하기 – Review and Check)

2.

(1) 내일 만날까요?

(2) 태국 음식을 먹을까요?

(3) 손을 잡을까요?

(4) 노래방에 갈까요?

(5) 같이 춤을 출까요?

(6) 같이 요리할까요?

(7) 영화를 볼까요?

(8) 소금을 줄까요?

(9) 노래를 부를까요?

3.

(1) 열심히 일할게요.
(2) 신발을 벗을게요.
(3) 방을 청소할게요.
(4) 매일 책을 읽을게요.
(5) 일찍 잘게요.
(6) 매일 운동할게요.
(7) 여기에 앉을게요.
(8) 커피를 마실게요.

4. (1) F (2) T (3) F (4) F

5.

(1) 우산이 없어요.
(2) 우산을 같이 쓰고 갑시다.

LESSON 5

Part 1 (어휘 – Vocabulary)

1.

(1) 춥다 | 덥다
(2) 크다 | 작다
(3) 비싸다 | 싸다
(4) 빠르다 | 느리다
(5) 많다 | 적다
(6) 높다 | 낮다
(7) 넓다 | 좁다
(8) 재미있다 | 재미없다

2.

(1) 맛있다 | 맛없다
(2) 깊다 | 얕다
(3) 시원하다 | 따뜻하다
(4) 두껍다 | 얇다
(5) 쉽다 | 어렵다
(6) 깨끗하다 | 더럽다

Part 2 (표현 I - Expression I)

Practice 1 (말하기 – Speaking)

(These are sample answers. You are free to express them differently.)

(1) 캐나다는 멕시코보다 추워요. / 멕시코는 캐나다보다 더워요.

(2) 비행기는 기차보다 빨라요. / 기차는 비행기보다 느려요.

(3) 원피스는 바지보다 비싸요. / 바지는 원피스보다 싸요.

Practice 2 (문법 – Grammar)

1.

기본형(Basic form)	(Verb)지만
가다	가지만
일하다	일하지만
보다	보지만
입다	입지만
공부하다	공부하지만
배우다	배우지만
오다	오지만
청소하다	청소하지만
던지다	던지지만
웃다	웃지만
좁다	좁지만

Part 3 (표현 II - Expression II)

Practice 1 (말하기 – Speaking)

(1) 높은 건물
(2) 큰 고래
(3) 귀여운 고양이
(4) 느린 거북이
(5) 빠른 비행기
(6) 맛있는 케이크
(7) 작은 침대
(8) 재미있는 영화

Practice 2 (문법 – Grammar)

1.

기본형(Basic form)	(Verb)(으)면서
가다	가면서
일하다	일하면서
보다	보면서
입다	입으면서
공부하다	공부하면서
배우다	배우면서
오다	오면서
청소하다	청소하면서
던지다	던지면서
웃다	웃으면서
줍다	주우면서
느리다	느리면서
작다	작으면서
넓다	넓으면서
크다	크면서
많다	많으면서
비싸다	비싸면서
가볍다	가벼우면서
재미있다	재미있으면서
부드럽다	부드러우면서
예쁘다	예쁘면서
춥다	추우면서
맛있다	맛있으면서
따뜻하다	따뜻하면서
조용하다	조용하면서
좁다	좁으면서
귀엽다	귀여우면서

2.

기본형(Basic form)	(Verb)(으)ㄴ
느리다	느린
작다	작은
넓다	넓은
크다	큰
많다	많은
비싸다	비싼
가볍다	가벼운
재미있다	재미있는
부드럽다	부드러운
예쁘다	예쁜
춥다	추운
맛있다	맛있는
따뜻하다	따뜻한
조용하다	조용한
좁다	좁은
귀엽다	귀여운

Part 4 (듣기와 말하기 – Listen and Speak)

Practice 1 (듣기 – Listening)

1. ③

2. ②

Part 5 (읽기와 쓰기 – Read and Write)

Practice 1 (읽기 – Reading)

1. ③

2. 택시는 지하철과 버스보다 비싸지만, 빠르고 편리하다.

Part 6 (복습하기 – Review and Check)

2.

(1) 지하철은 버스보다 빠르고 편리해요.

(2) 성민은 케빈보다 키가 커요.

(3) 딸기는 포도보다 맛있어요.

(4) 바다는 강보다 깊어요.

(5) 비행기는 기차보다 비싸고 빨라요.

(6) 부산은 서울보다 날씨가 따뜻해요.

3.

(1) 이 식당은 친절하지만 맛없어요.

(2) 버스는 느리지만 싸요.

(3) 멕시코는 덥지만 아름다워요.

(4) 이 책은 어렵지만 재미있어요.

(5) 스테이크는 맛있지만 비싸요.

4.

(1) 그 강아지는 착하면서 귀여워요.

(2) 교실이 넓으면서 깨끗해요.

(3) 주스는 차가우면서 달아요.

(4) 저 건물은 높으면서 아름다워요.

(5) 이 코트는 싸면서 예뻐요.

(6) 저는 밥을 먹으면서 텔레비전을 봐요.

(7) 우리는 노래를 부르면서 춤을 춰요.

(8) 저는 옷을 입으면서 신발을 신어요.

(9) 아빠는 요리하면서 설거지해요.

5.

(1) 굉장히 큰 거실이네요.

(2) 태평양은 매우 넓은 바다입니다.

(3) 이것은 어려운 시험이에요.

(4) 정말 예쁜 꽃이네요.

(5) 저는 재미있는 영화를 좋아해요.

(6) 그는 착한 사람입니다.

(7) 제가 싸고 맛있는 식당을 알아요.

(8) 저는 달고 짠 음식을 좋아해요.

6. (1) T   (2) F   (3) F   (4) T

7.

(1) 무서운 영화

(2) 웃긴 영화 / 웃기면서 로맨틱한 영화

LESSON 6

Part 1 (어휘 – Vocabulary)

1.

(1) 봄   (5) 흐리다

(2) 여름   (6) 맑다

(3) 가을   (7) 비가 오다

(4) 겨울   (8) 눈이 오다

2.

(1) 춤을 추다   (5) 요리를 하다

(2) 노래를 부르다 (6) 사진을 찍다

(3) 여행을 하다   (7) 책을 읽다

(4) 운동을 하다   (8) 악기를 연주하다

Part 2 (표현 I - Expression I)

Practice 1 (말하기 – Speaking)

(These are sample answers. You are free to answer them differently.)

(1) 재료를 사서 요리를 할 거예요.

(2) 아침에 일어나서 달리기를 할 거예요.

(3) 신발을 빨아서 신을 거예요.

Practice 2 (문법 – Grammar)

기본형(Basic form)	(Verb)(으)니까
가다	가니까
일하다	일하니까
보다	보니까
입다	입으니까
공부하다	공부하니까
배우다	배우니까
오다	오니까
청소하다	청소하니까
던지다	던지니까
웃다	웃으니까
줍다	주우니까
느리다	느리니까
작다	작으니까
넓다	넓으니까
크다	크니까
많다	많으니까
비싸다	비싸니까

2.

기본형(Basic form)	(Verb)아/어서
가다	가서
일하다	일해서
보다	봐서
입다	입어서
공부하다	공부해서
배우다	배워서
오다	와서
청소하다	청소해서
던지다	던져서
웃다	웃어서
줍다	주워서
느리다	느려서
작다	작아서
넓다	넓어서
크다	커서
많다	많아서
비싸다	비싸서

3.

기본형(Basic form)	(Verb)(으)ㄹ 거예요
가다	갈 거예요
일하다	일할 거예요
보다	볼 거예요
입다	입을 거예요
공부하다	공부할 거예요
배우다	배울 거예요
오다	올 거예요
청소하다	청소할 거예요
던지다	던질 거예요
웃다	웃을 거예요
줍다	주울 거예요
느리다	느릴 거예요
작다	작을 거예요
넓다	넓을 거예요
크다	클 거예요
많다	많을 거예요
비싸다	비쌀 거예요

Part 3 (표현 II - Expression II)

Practice 1 (말하기 – Speaking)

(These are sample answers. You are free to express them differently.)

(1) 노래를 부를 수 있어요.

(2) 수영을 할 수 있어요.

(3) 매운 음식을 먹을 수 있어요.

Practice 2 (문법 – Grammar)

1.

기본형(Basic form)	(Verb)(으)ㄹ 수 없어요
가다	갈 수 없어요
일하다	일할 수 없어요
보다	볼 수 없어요
입다	입을 수 없어요
공부하다	공부할 수 없어요
배우다	배울 수 없어요
오다	올 수 없어요
청소하다	청소할 수 없어요
던지다	던질 수 없어요
웃다	웃을 수 없어요
줍다	주울 수 없어요

2.

기본형(Basic form)	(Verb)지 못해요
가다	가지 못해요
일하다	일하지 못해요
보다	보지 못해요
입다	입지 못해요
공부하다	공부하지 못해요
배우다	배우지 못해요
오다	오지 못해요
청소하다	청소하지 못해요
던지다	던지지 못해요
웃다	웃지 못해요
줍다	줍지 못해요

Part 4 (듣기와 말하기 – Listen and Speak)

Practice 1 (듣기 – Listening)

1. ②

2. ①

Part 5 (읽기와 쓰기 – Read and Write)

Practice 1 (읽기 – Reading)

1. ②

2. 강아지와 산책을 해야 하니까

Part 6 (복습하기 – Review and Check)

2.

(1) 샌드위치를 사서 공원에서 먹을 거예요.

(2) 옷이 싸고 예뻐서 살 거예요.

(3) 여행을 가서 기념품을 살 거예요.

(4) 도서관에서 책을 빌려서 읽을 거예요.

(5) 일찍 일어나서 운동을 할 거예요.

(6) 비가 와서 집에서 쉴 거예요.

3.

(1) 수영을 할 수 있어요.

(2) 글을 쓸 수 있어요.

(3) 혼자서 신발을 신을 수 있어요.

(4) 자전거를 탈 수 있어요.

(5) 커피를 마실 수 있어요.

4.

(1) 노래를 못 해요.

(2) 오토바이를 못 타요.

(3) 매운 음식을 못 먹어요.

(4) 춤을 못 춰요.

(5) 수영을 못 해요.

5.

(1) 노래를 하지 못해요.

(2) 오토바이를 타지 못해요.

(3) 매운 음식을 먹지 못해요.

(4) 춤을 추지 못해요.

(5) 수영을 하지 못해요.

6. (1) T (2) F (3) F (4) T

7.

(1) 과일과 태국 음식

(2) 운전

MORE BOOKS BY LINGO MASTERY

We are not done teaching you Korean until you're fluent!

Here are some other titles you might find useful in your journey of mastering Korean:

✓ Korean Short Stories for Beginners

✓ Intermediate Korean Short Stories

✓ 2000 Most Common Korean Words in Context

✓ Conversational Korean Dialogues

But we got many more!

Check out all of our titles at **www.lingomastery.com/korean**

www.ingramcontent.com/pod-product-compliance
Lightning Source LLC
Chambersburg PA
CBHW081446070526
44586CB00019B/2246